湖北商贸学院博士科研基金资助

20世纪30年代中国金融危机的历史考察

杨森 著

JINRONG FENGXIAN YU JINRONG JIANGUAN XILIE CONGSHU

20SHIJI 30NIANDAI
ZHONGGUO JINRONG WEIJI
DE LISHI KAOCHA

Southwestern University of Finance & Economics Press
西南财经大学出版社

图书在版编目(CIP)数据

20 世纪 30 年代中国金融危机的历史考察/杨森著. —成都:西南财经大学出版社,2018.8
ISBN 978 - 7 - 5504 - 3495 - 0

Ⅰ.①2… Ⅱ.①杨… Ⅲ.①金融危机—经济史—研究—中国—近代
Ⅳ.①F823.59

中国版本图书馆 CIP 数据核字(2018)第 107091 号

20 世纪 30 年代中国金融危机的历史考察

杨森　著

责任编辑:廖韧
助理编辑:张春韵
装帧设计:穆志坚
责任印制:朱曼丽

出版发行	西南财经大学出版社(四川省成都市光华村街 55 号)
网　址	http://www.bookcj.com
电子邮件	bookcj@foxmail.com
邮政编码	610074
电　话	028 - 87353785　87352368
照　排	四川胜翔数码印务设计有限公司
印　刷	四川新财印务有限公司
成品尺寸	170mm × 240mm
印　张	10.25
字　数	190 千字
版　次	2018 年 8 月第 1 版
印　次	2018 年 8 月第 1 次印刷
书　号	ISBN 978 - 7 - 5504 - 3495 - 0
定　价	68.00 元

摘　要

　　在人类经济发展的历史过程中，金融的发展如影随形。金融已经渗透到了人们生活的方方面面，为人类提供着各种便利，并改善人们的生活。而金融危机则像梦魇一般，伴随着金融的高速发展而频繁爆发。所以，人们对于金融危机的关注也日益加强。

　　金融危机的发生，会有一系列的表现形式，我们可以比较直观地看到金融危机的发生对经济产生的损害。然而，什么是金融危机？其产生的根源是什么？如何治理金融危机或减少其造成的损害？这些都是亟待研究的问题。

　　20世纪30年代的中国经济，因受到西方资本主义经济危机的影响，发展缓慢。而中国传统的以白银为主的货币制度混乱，不利于金融和经济的发展。加之日本对中国进行侵略，不仅在主权上对中国进行控制，还对中国的经济进行了极大的破坏，中国的金融危机就是在这样的经济背景下发生的。在此期间，中国白银大量外流，导致相当数量的银行、钱庄相继倒闭，物价奇低，利率高涨，农业接近崩溃，工商业极度萧条。危机发生之后，银钱业主动采取补救措施，政府充当最后贷款人角色，采取积极措施应对，最终平息了这场危机。

　　这次金融危机的发生，对中国金融和经济的发展影响重大。它并不是简单的各种矛盾的激化，而是解决各个矛盾的过程。金融危机当然对中国的经济产生了破坏作用，但它对中国金融和经济的发展也有很大的促进作用。这次金融危机终结了中国混乱的货币制度，确立了政府对金融的统制地位，促进了现代金融体系的建立。

　　本书通过对20世纪30年代中国发生的金融危机进行研究，分析其发生的复杂的经济基础、金融背景和政治因素，探究中国应对金融危机的措施，通过对比分析，探寻金融危机的本质，总结金融危机发生的规律，并寻求一定的启示。

　　本书各章节的主要研究内容及笔者观点如下：

第 1 章，介绍金融危机和相关理论，为下文研究 20 世纪 30 年代中国金融危机提供一定的理论依据。金融危机是一个逐步形成的概念，伴随着金融业的发展而发展，经历了经济危机→货币信用危机→货币危机→金融危机的演变过程。而金融危机的根源，一是经济周期波动；二是金融体系的内在脆弱性。经济周期波动和金融体系的内在脆弱性使经济生活中不断产生并积累着爆发金融危机的能量。当这种能量积攒到一定程度时，就会发生金融危机。

第 2 章，通过分析 20 世纪 30 年代中国金融危机发生的历史背景，总结出中国发生金融危机的原因，即内忧外患。首先，近代中国以白银为主的紊乱的货币体系阻碍了中国经济的发展。货币流通的混乱和发行的不统一，严重影响了中国金融体系的安全，并且不利于政府对货币进行管理，极易爆发货币危机。其次，世界资本主义经济危机对中国的实体经济产生了一定的影响。当时中国农村经济凋敝、工商业衰落，加上对外贸易的入超，致使中国实体经济衰败，资金大量流入城市，进入金融体系，形成游资。而中国的金融业由于游资充斥，并没有良好的投资方向，投资者们遂将资金大量投入公债、标金、地产等项目进行投机。投机盛行而产生的经济泡沫一旦破灭，金融危机便随之而来。金融业的发展不以实体经济为基础，就像空中楼阁一般，终将崩塌。最后，西方资本主义国家对于中国经济上的控制，以及日本对中国的侵略，阻碍了中国经济金融的发展。

第 3 章，描述 20 世纪 30 年代中国发生金融危机的过程。美国的白银政策是这次金融危机的导火索。美国为了防止西方资本主义经济危机使本国经济衰退，实施收购白银的白银政策，导致世界银价不断提高。而白银价格的提高对于以白银为货币的中国来讲，却是一场灾难。它导致中国白银大量外流，白银的购买力大幅提高，物价奇低、利率高涨，造成中国严重的通货紧缩。期间，相当数量的银行、钱庄等金融机构倒闭。同时，汇率的提高对中国的对外贸易产生了很大影响。金融危机的发生，又对中国的实体经济产生了严重的影响，农业危机进一步加深，乡村手工业崩溃，工商业萧条。中国作为世界经济体系的一员，并没有在西方资本主义世界爆发经济危机的时候发生金融危机，而是滞后发生的，其主要原因就在于中国以白银为主的货币制度。

第 4 章，介绍了国民政府在金融危机前对金融统制的积极准备和金融危机发生后的应对措施。近代中国金融业落后，货币体系紊乱，金融体系不健全，中央银行难以履行其对金融调控的职责。国民政府通过统一货币发行权、统一货币种类，逐步确立了中央银行的地位，并在金融危机发生后，积极充当最后贷款人，通过金融和行政手段进行危机治理，最后通过法币改革，建立了较为稳定的货币体系，逐步化解了金融危机。

第 5 章，通过对近代中国 5 次金融危机的对比分析，总结中国近代金融危机发生的共性和规律，更深刻地理解金融危机的本质。中国近代先后发生了 5 次比较有代表意义的金融危机，每次危机各具特点，但也有一定的共性。金融危机发生的外部性、理性问题、过度投机以及金融危机的国际传导都是金融危机的明显特征。

第 6 章，通过上述几章的分析，笔者得出几点结论：20 世纪 30 年代，中国金融危机的爆发是内外因共同促成的；国家主权问题关乎金融业的发展；金融的发展离不开实体经济的发展；货币制度的稳定有利于金融的发展；金融监管的完善有利于金融危机的预防。

关键词：20 世纪 30 年代　中国金融危机　经济危机

目　录

导　论

一、选题的理论意义与实际意义

随着现代经济的发展，金融在人们的经济生活中越来越成为一个重要的范畴，虚拟经济和实体经济都像章鱼的触角一样涉及社会生活的方方面面。翻开20世纪的经济发展史，金融危机如影随形，就像幽灵一样伴随经济发展的全过程，留给了经济学家无尽的思索。金融危机的发生如此频繁，而人们对于金融危机的系统研究却显得相对薄弱。

金融危机的发生有复杂的经济基础、金融背景和政治因素。金融危机的发生预示着一种旧的经济增长模式的结束和新的经济增长模式的产生。

中国近代先后发生过5次金融危机，而20世纪30年代的金融危机是其中最有代表性的，也是最复杂的。20世纪30年代中国金融危机发生在资本主义国家经济危机之后，中国经济与世界经济体系联系密切，金融危机的发生与西方经济危机的关系如何？中国当时以白银为主的紊乱的货币体系，对于金融危机的发生有何影响？金融危机发生前后，中国金融业有何发展？国民政府如何应对金融危机？这些都是值得研究的问题。因此，系统、全面地对20世纪30年代中国金融危机进行研究是很有必要的。并且，在研究过程中，只有将金融理论、经济理论和史料相结合进行分析，才能正确地解答上述问题，并更深刻地认识金融危机的本质，总结金融危机发生的规律。

目前为止，中国学术界对于20世纪30年代中国金融危机的研究多是以其中的一个问题为研究对象，如金融危机发生的原因、金融危机与世界资本主义经济危机的关系、美国白银政策与金融危机的关系以及法币改革等。对20世纪30年代中国金融危机进行的研究，大多只是较为简单的描述性研究，且多以"白银风潮"为研究对象，只从货币角度进行分析。中国学术界专门以1935年金融危机为研究对象，并对其发生的原因、过程、危害、治理以及相关规律进行研究的总体性的论著和论文迄今未见。20世纪30年代中国金融危机是中国近代金融史上一次非常重要的事件，对其进行系统、全方位的研究将弥补学术界在这方面研究的不足。

20世纪30年代的中国金融危机，其发生绝非偶然，它既有自己的特点，也遵循金融危机发生的规律。这次金融危机的发生，是由多种因素共同促成的，既有国际金融危机的传导，又有中国国内的经济金融问题。金融危机发生后，金融业积极采取措施进行治理，政府也运用行政和金融手段进行干预，最终平息了这场风波。当代金融危机的发生更为复杂，对中国20世纪30年代金融危机的系统研究，有利于我们更深入地了解金融危机，从而总结经验规律，对当代金融危机的预防和治理提供一些启示。

综上所述，本书的选题具有一定的理论意义和现实意义，值得展开研究。

二、相关研究综述

（一）史料

资料的挖掘、积累、整理是开展金融史研究的基础条件。对于金融危机的研究，首先要对近代金融业的整体发展进行研究，而金融机构是构成金融体系的细胞，在中国近代，其主要的形式为银行及钱庄等。

中华人民共和国成立之初，有关金融史资料的出版已经开始起步并渐成规模，对所取得的资料的收集、整理与出版尚未自成体系，严中平等编著的《中国近代经济史统计资料选辑》（科学出版社1955年版）是当时中国近代经济史研究中不可多得的资料，其中关于对外贸易、工业、农业等相关数据的记录有助于对当时中国经济情况进行研究。

20世纪80年代以来，有关中国近代金融史料的出版渐成体系，既有多种货币史、银行史资料专书，又有散见于各种专史资料汇编的金融史资料，将资料的"富矿"呈现在金融史的研究者面前。中国人民银行总行参事室先后编辑了两辑《中华民国货币史资料》（上海人民出版社1986年版、1991年版），其中第二辑中有许多涉及南京国民政府对于金融危机的应对措施的重要资料。中国第二历史档案馆等编辑的《中华民国金融法规档案资料选编》（上、下两册，档案出版社1990年版）较为全面地辑录了中华民国时期的金融法规，是研究近代金融制度史的工具书。财政部财政科学研究所与中国第二历史档案馆合编的《国民政府财政金融税收档案史料》（中国财政经济出版社1997年版）也辑入了相当部分的金融史资料，其中包括货币制度改革的政策法案及相关数据，还有金融机构的相关数据。中国第二历史档案馆编辑的《中华民国史档案资料汇编》第一至五辑（江苏古籍出版社分年出版）中的财政金融卷，也收录了相当部分的金融法规、财政部通告和其他类别的金融史相关资料。

在金融机构相关史料的出版方面，一大批银行史资料集陆续问世，包括中国人民银行金融研究所编的《中国农民银行》（中国财政经济出版社1980年版）、中国人民银行上海市分行金融研究室编的《金城银行史料》（上海人民出版社1983年版）、《武汉金融志》编写委员会办公室和中国人民银行武汉分行金融研究所编印的《武汉银行史料》（1985年版）、中国人民银行上海市分行金融研究所编的《上海商业储蓄银行史料》（上海人民出版社1990年版）、中国银行总行与中国第二历史档案馆合编的《中国银行行史资料汇编（上编1912—1949）》（档案出版社1991年版）、交通银行总行和中国第二历史档案馆合编的《交通银行史料（第一卷1907—1949）》（档案出版社1991年版）、谢俊美所编的《中国通商银行（盛宣怀档案资料选辑之五）》（上海人民出版社2000年版）、洪葭管主编的《中央银行史料》（中国金融出版社2005年版）等。四联总处是战时的金融机构，重庆市档案馆和重庆市人民银行金融研究所合编《四联总处史料》（档案出版社1993年版），中国第二历史档案馆编辑《四联总处会议录》（共64册，广西师范大学出版社2003年版），内容包括1943年12月至1944年2月中中交农四行（即中央、中国、交通、农民银行）联合办事总处理事会的会议资料，涉及会议日程、会议记录、附件等，记述了全体理事会和临时理事会会议的召集情况及会议经过。在交易所的资料方面，上海市档案馆编写《旧上海的证券交易所》（上海古籍出版社1992年版），金融史编委会编写《旧中国交易所股票金融市场资料汇编》（书目文献出版社1995年版）。中国人民银行北京市分行金融研究所和《北京金融志》编委会办公室编印的《北京金融史料》（1995年出版）共12册，有10册为各银行的简史及资料。

在外商银行资料方面，中国人民银行金融研究所编写了《美国花旗银行在华史料》（中国金融出版社1990年版），中国人民银行金融研究所和吉林省金融研究所合编了《日本横滨正金银行在华史料》（傅文龄主编，中国金融出版社1992年版）。在伪政权银行方面，吉林省金融研究所编写了《伪满洲中央银行史料》（吉林人民出版社1984年版）。

在传统金融机构的史料方面，有上海人民出版社于1978年再版了中国人民银行上海市分行所编写的《上海钱庄史料》（曾由上海人民出版社于1960年出版），《武汉金融志》编写委员会办公室和中国人民银行武汉分行金融研究所编印了《武汉钱庄史料》（1985年版），中国银行泉州分行行史编委会编写了《泉州侨批业史料1871—1976》（李良溪主编，厦门大学出版社1994年版），中国人民银行山西省分行和山西财经学院编写了《山西票号史料》（黄鉴晖主编，山西经济出版社2002年版）。

此外，还有一批民国时期的金融史著述得以再版，成为中国近代金融史研究中的珍贵资料，给金融史工作者的研究带来了极大的方便。丛书编委会编写的《民国小丛书：中国货币史银行史卷》（书目文献出版社1996年）是一批珍贵的金融史资料的影印本，共4册。丛书编委会编辑的《民国丛书》（上海书店1989年版）第一编至第五编（每编百册，共500册）共收书1 126种，主要收录了中华民国时期中国境内出版的中文图书，还酌情选收了同时期国外出版的中文图书，该丛书共分11大类，第4大类为经济，其中包括不少民国时期的金融史专著，如杨荫溥著的《杨著中国金融论》（据黎明书局1930年版影印，《民国丛书》第三编33册）、朱斯煌著的《银行经营论》（据商务印书馆1936年版影印，《民国丛书》第三编34册）等。

台湾学者卓遵宏编著的《抗战前十年货币史资料（1927—1937）》（台北国史馆1985年印）中国近代金融史资料集，主要整理了1927—1937年有关币制改革和白银危机等方面的史料。台北文海出版社印行的《近代中国史料丛刊》正续二编中也有不少与金融史有关的内容，如郭荣生所编的《中国省银行史略》（续编第十九辑，第190册）、徐沧水编写的《上海银行公会事业史》（三编第二十四辑，第238册）等。此套丛书与《民国丛书》所辑入再版影印的民国时期的金融史著述有部分相同。杨荫溥等编的《中国之银行史料三种》由文海出版社再版（文海出版社1972年版）。

除出版的专著外，一些档案类的期刊，如《历史档案》《民国档案》《档案与史学》等，也相继刊登过有关金融史研究的档案选，对研究者在资料的选取与查阅中起到了提纲挈领的作用。如《沪苏两地"废两改元"档案资料选（1932—1934年）》（雪华、沈慧瑛选编，《民国档案》1987年第4期）、《旧中国外商银行调查资料》（《档案与史学》2003年第6期）等。丁进军总结了《历史档案》2006年之前所刊发的有关货币金融史料的提要。

在金融史资料的索引方面，俞兆鹏编写了《中国货币金融史论著索引（1900—1993）》（新华出版社2000年版）一书，本书分论文索引和著作索引两大部分，收录1900年至1993年间发表的有关先秦至1949年中华人民共和国成立前后中国货币金融史研究的论文和著作。

（二）论著

近代学术界关于金融问题较为集中的研究应该始于民国时期。民国时期的一些学者、金融机构工作人员和政府工作人员对于当时中国的金融的发展、金融业面临的问题、货币制度以及货币改革等进行时政研究并出版专著。主要成果如邵金锋的《银价之研究》（学术研究会丛书部 1921 年版）、黄元彬的《银问题》（广东图书消费合作社 1931 年版）、褚辅成的《货币革命十讲》（上海法学院 1934 年版）、刘振东的《中国币制改造问题与有限银本位制》（上海商务印书馆 1934 年版）、谷春帆的《银价变迁与中国》（商务印书馆 1935 年版）、吴小甫的《中国货币问题丛论》（上海光明书局 1936 年版）、张素民的《白银问题与中国币制》（上海商务印书馆 1936 年版）、赵兰坪的《现代币制论》（上海商务印书馆 1936 年版）、林维英的《中国之新货币制度》（商务印书馆 1939 年版）等。

　　中华人民共和国成立后，随着金融业的不断发展，学术界对于近代金融问题的研究逐渐增多，尤其是 20 世纪 80 年代后，金融危机的爆发更加频繁，针对金融危机的研究越来越多，其中不乏涉及近代金融危机的研究，通过对历史上金融危机的研究，从而对当今起到启示作用。中国及外国出版了涉及 1935 年金融危机研究的论著近 50 部。

　　1. 对中国近代金融、货币沿革史的研究

　　这类著作一般是按照时间顺序对中国金融的发展进行叙述，其中有关于近代金融危机的分析。但是由于内容庞杂，其对金融危机的问题只是简单的涉及，缺乏深入的分析和研究。如《中国金融史》编写组编著的《中国金融史》（西南财经大学出版社 1993 年版），桑润生编著的《简明近代金融史》（立信会计出版社 1995 年版），《中国近代金融史》编写组编著的《中国近代金融史》（中国金融出版社 2009 年版），洪葭管主编的《金融话旧》（中国金融出版社 2009 年版）和《中国金融史十六讲》（上海人民出版社 1991 年版），李飞等主编的《中国金融通史》[①] 系列图书（中国金融出版社）。此外，一些经济史著作也都涉及近代中国金融业问题。如汪敬虞主编的《中国近代经济史 (1895—1927)》（人民出版社 2012 年版），许涤新、吴承明主编的《中国资本主义发展史》（社会科学文献出版社 2007 年版），赵德馨著的《中国近现代经济史》（河南人民出版社 2003 年版），朱伯康、施正康主编的《中国经济史（下）》（复旦大学出版社 2005 年版）等。

　　自 20 世纪 80 年代初到 20 世纪末，虽然中国近代金融史的研究成果日益丰富，有诸多亮点，但学者一直都在期待一部通古今、涵盖广、分量重、耳目

---

　　① 《中国金融通史》是一部系统地阐述中国自古到今金融活动及其规律性的专业通史，共 6 卷，由中国金融出版社出版。第 3 卷为北洋政府时期，由杜恂诚著；第 4 卷为南京国民政府时期，由洪葭管著。

新的金融通史问世。在一些关于经济史的巨著中，如许涤新主编的《中国资本主义发展史》（人民出版社2003年版、2005年版，社会科学文献出版社2007年再版）、严中平主编的《中国近代经济史（1840—1894）》（人民出版社1989年版，2001年再版）、汪敬虞主编的《中国近代经济史（1895—1927）》（人民出版社2000年版，经济管理出版社2007年版）等，都可以略窥中国近代金融业发展的概况，但总让人有不够尽兴之感，也表明中国近代金融史作为一门专史，其研究发展道路仍在探索之中。

同时，自20世纪80年代至今，不断有学者编写简明的中国金融简史（包括近代部分）或中国近代金融简史，也是专史学者们的心血之作，有石毓符的《中国货币金融史略》（天津人民出版社1984年版），盛慕杰、于滔主编的《中国近代金融史》（中国金融出版社1985年版），卜祥瑞、卜祥信主编的《简明中国金融史》（吉林大学出版社1990年版），罗吉义主编的《中国金融史》（云南人民出版社1994年版），桑润生的《简明中国近代金融史》（立信会计出版社1995年版），董孟雄编著的《中国近代财政史·金融史》（云南大学出版社2000年版），叶世昌和潘连贵编写的《中国古近代金融史》（复旦大学出版社2001年版），袁远福、缪明杨编著的《中国金融简史》（中国金融出版社2001年版），洪葭管编写的《中国金融史》（西南财经大学出版社2001年版），袁远福主编的《中国金融简史》（中国金融出版社2005年版），戴建兵、陈晓荣编著的《中国货币金融史》（河北教育出版社2006年版），姚遂主编的《中国金融史》（高等教育出版社2007年版）等。此外，中国人民银行总行金融研究所编著的《近代中国金融业管理》（人民出版社1990年版）以经营管理为主题，分别介绍了中国近代金融业在组织管理、业务管理等方面的典型经验，也简述了中国近代金融机构的发展变迁；詹玉荣著的《中国农村金融史》（北京农业大学出版社1991年版）和徐唐龄著的《中国农村金融史略》（中国金融出版社1996年版），从农业经济史、农村金融史的双重角度对近代中国农村金融的发展及性质等做了分析和论述。

自20世纪末始，金融史界人士开始筹划编辑1部多卷本的《中国金融通史》，经过编委会诸位成员的多方努力，各卷已在21世初的数年间陆续出版问世。由李飞、赵海宽、许树信、洪葭管主编的《中国金融通史》为6卷本，由中国金融出版社分年出版，其中第三卷为北洋政策时期（杜恂诚著，2002年出版），第四卷为国民政府时期（洪葭管著，2008年出版），这两卷涉及金融危机的内容。《中国金融通史》每一卷本的编著者均为我国金融史学界泰斗级的专家，他们合著的这部金融通史是迄今为止最为全面地叙述我国金融发展史的鸿篇巨著，是展现祖国自古迄今金融演进与制度变迁的专业通史。

陈明光编《钱庄史》（上海文艺出版社1997年版）描述了钱庄的起源，并对钱庄的组织和人事以及经营特色进行了分析，其中有一章专门论述钱庄和金融风潮。刘忠所著的《银行秘事》（中共党史出版2008年版）介绍了中国银行、中国通商银行、交通银行、金城银行等银行的一些事件，有利于对当时的金融情况进行了解。李一翔所著的《近代中国银行与钱庄关系研究》（学林出版社2005年版），认为近代中国银行和钱庄的关系在抗日战争前既相互合作、支持又相互竞争和排斥。在发生金融危机的过程中，钱庄因其经营机制受到了很大的创伤，虽然在政府和银行的救济下艰难度过危机，但是钱庄也失去了昔日的地位，沦落为政府和银行的附庸。王玉德、郑清、付玉所著的《招商局与中国金融业》（浙江大学出版社2013年版）论述了招商局的发展和中国金融业发展的相互关系。

戴建兵的《白银与中国近代经济（1890—1935）》（复旦大学出版社2005年版）将近代中国的货币制度总结为"白银核心型货币体系"，介绍了中国近代货币制度的发展，以白银为切入点，分析了以白银为核心的货币体系与中国经济的关系，并且介绍和分析了1928—1935年白银价格变动产生的金融风潮。梅远谋著、张卫宁译的《中国的货币危机——论1935年11月4日的货币改革》（西南财经大学出版社1994年版）分析了中国货币危机爆发的原因并论述了货币改革的过程和结果。

2. 近代金融业与国民政府的关系

贺水金《1927—1952年中国金融与财政问题研究》（上海社会科学院出版社2009年版）总结了近代货币紊乱的特征，肯定了"废两改元"和法币政策的积极影响，并分析了国际资本流动、汇率变动对于中国经济的影响。吴景平主编的《上海金融业与国民政府关系研究1927—1937》（上海财经大学出版社2002年版）和（美）小科布尔著，杨希孟、武莲珍译的《上海资本家与国民政府1927—1937》（中国社会科学出版社1988年版）分析了上海金融业、资本家和国民政府的关系。

姚会元《中国货币银行》（武汉测绘科技大学出版社1993年版）描述了中国近代混乱的币制，客观评价了法币改革的利弊。本书认为法币政策的实施基本上终止了中国币制和货币流通的混乱状态，有利于对外贸易和金融业的发展，并在短期内促进了经济发展。但是法币政策具有一定的掠夺性和垄断性，成为了国民政府垄断中国金融的工具。黄逸峰等著《旧中国民族资产阶级》（江苏古籍出版社1990年版），认为民族资本成为帝国主义转嫁经济危机的对象和国民党官僚资本的附庸,"白银风潮"的发生与中国经济危机的发生是民族资本受到帝国主义和官僚资本主义的双重压迫的必然结果。

(三) 专题研究

国内学术界专门以 1935 年金融危机为研究对象,并对其发生的原因、过程、危害、治理以及相关规律进行分析的总体性的论著和论文迄今未见。

早在民国时期,许多学者、政府经济部门与金融机构的工作人员就对当时爆发金融危机的原因、治理以及当时的货币管理政策、货币本位与改革方向等问题分别进行过研究与探讨。其成果大部分发表于《大公报》《东方杂志》《交行通信》《银行周报》《申报》《中央银行月报》《经济学季刊》等刊物上。主要的学者有:马寅初、赵兰坪、朱斯煌、杨荫溥、徐沧水、彭学沛、谷春帆、黄元彬、吴大业、余捷琼、张素民、周伯棣、李大年、朱彬元、夏赓英、孙超等。

中华人民共和国成立后,学术界对于 1935 年金融危机的研究主要从以下几个方面进行。

1. 关于中国 1935 年金融危机发生原因的探究

关于中国 1935 年金融危机发生的原因,学术界主要有两种观点:

第一种认为是中国 1935 年金融危机是外源性的金融危机,即金融危机是由西方经济危机传染而来,是西方国家将危机转嫁给中国而造成的。孙建华《中国近代金融恐慌的类型、成因与警示分析》就将 1935 年金融危机定性为以货币危机为主的综合性金融恐慌,指出危机发生的外源性诱因,是美国通过白银政策将危机传导至中国并引起中国的金融危机。

第二种认为中国 1935 年金融危机的爆发,是由内外综合因素合力造成的,国内因素如自然灾害、农业危机、货币制度等,国际因素如国际收支、国际贸易等。赵瑛的《近代中国金融风潮的原因及启示》分析了中国近代 6 次金融危机,指出金融危机爆发的内因是政府管控不力和货币制度混乱,外因则是西方列强对于中国的经济侵略。郑会欣的《试论 1935 年白银风潮的原因及其后果》(《历史档案》1984 年第 2 期)认为中国半殖民地半封建社会的社会性质是金融危机发生的基础,而美国为了转嫁危机而实行的白银政策是金融危机爆发的直接原因,帝国主义为了控制中国的经济命脉而采取的种种行径则加剧了金融危机。

2. 关于世界资本主义经济危机与中国 1935 年金融危机的关系的探究

1929 年,西方爆发了严重的经济危机,史称"世界经济大危机",而中国 1935 年爆发的金融危机正是处于西方"世界经济大危机"的后期,多位学者对于"世界经济大危机"与中国经济的发展、金融危机的关系进行了探究，并对世界资本主义经济危机对于中国经济影响的传导途径进行探索，主要的观点有两种。

许多学者认为世界资本主义经济危机对于中国经济的影响是通过货币渠道实现的，美国白银价格的波动，造成中国货币的汇率和货币供给的波动，引发中国金融危机。周子衡的《20世纪30年代经济世界资本主义经济危机对中国货币经济的冲击——1933—1948年中国货币经济的现代转型、失败及其遗产》（《金融评论》2012年第4期），认为世界资本主义经济危机通过货币冲击对世界经济产生了两个波次的影响，第一是货币紧缩，第二是货币再膨胀。中国由于实行银本位制并没有受到第一波次的显著影响，但货币再膨胀导致中国出现了严重的白银危机。

还有学者承认世界资本主义经济危机对于中国的经济有一定的影响，但这种影响是有限的，认为中国在世界资本主义经济危机期间经济和金融的表现好于西方国家，并没有出现严重的金融危机。管汉晖的《20世纪30年代世界资本主义经济危机中的中国宏观经济》（《经济研究》2007年第2期）通过对20世纪30年代中国宏观经济的分析，强调中国的宏观经济确实受到了"世界资本主义经济危机"的影响，只是由于中国实行银本位和存在竞争性的银行体系，货币供给并没有减少，虽然出现了通货紧缩，但在白银出口税和货币改革的作用下很快平息，这才使中国的经济在"世界资本主义经济危机"中的表现好于大部分国家。杜恂诚通过《货币、货币化与萧条时期的货币供给——20世纪30年代中国经济走出困局回顾》（《财经研究》2009年第3期）从货币供给的角度分析了中国金融业在世界资本主义经济危机中的表现，他认为中国金融业由于西方经济危机的影响，经历了轻微且短期的信用紧缩，而货币供给的绝对数值并没有减少。并且，他认为法币改革在短期内是有效的，而从长期看来，由于缺乏约束政府行为的配套机制，对中国经济金融的发展埋下了隐患。李培德在《略论世界世界资本主义经济危机与1930年代中国经济》（《史林》2010年第5期）中认为世界资本主义经济危机对于中国经济的威胁不大，而日本对中国东北的侵略和世界银价的大幅波动，才是真正影响中国经济和金融的因素。

3. 美国白银政策对中国1935年金融危机的影响

美国的白银政策对于世界银价起了决定性作用，而白银作为中国主要货币，其价格的波动对中国的经济产生了怎样的影响？其和中国1935年金融危机的具体关系如何？

西方学术界对于美国实行白银政策对中国的影响进行了一定的研究。他们根据对 20 世纪初期中国的价格水平和货币供应量等指标的估计，得出了截然不同的结论。其中一种观点认为美国白银政策的提出，对于中国的金融经济产生了严重影响，造成了中国普遍的金融恐慌。其主要代表是弗里德曼和施瓦茨。另一种观点则认为白银政策的提出对于中国经济没有产生严重的影响，中国并没有出现严重的通货紧缩、生产停滞、银行破产等恶性经济事件，中国的金融业还保持了迅速增长的状态。其主要代表有劳伦·布朗特、托马斯·莎金特和托马斯·罗斯基。

中国学者则普遍认为美国白银政策是导致白银外流的直接原因，而白银大量外流造成了信用紧缩，从而造成了中国经济的衰退。但仍有不少学者认为自由竞争银行制度有利于中国货币供给的增加，使中国避免了国际经济危机的影响。赵留彦、隋福民的《美国白银政策与世界资本主义经济危机时期的中国经济》（《中国经济史研究》2011 年第 4 期），肯定了自由竞争银行制度对于充裕中国货币供给的积极作用，但仅限于在美国实行白银收购政策之前有效，文章认为美国白银收购政策导致中国白银的流出和汇率上升，致使中国爆发了严重的通货紧缩的金融危机，经济全面衰退。

4. 关于 1935 年中国金融危机与法币改革的研究

法币改革在中国货币史上具有重要的地位，对于法币改革的研究一直是学术界研究的热点，并且取得了丰富的成果。部分学者认为法币改革的完成统一了货币，有效地终止了 1935 年的金融危机，推动了中国经济的发展；部分学者认为法币改革的实施从主要方面看是国民政府实现了对于中国金融的全面统制。总之，对于法币改革成功与否的争论一直存在。评价法币改革应本着历史辩证法的原则，既要看到其成功的一面也要看到其失败的一面，不能否定其对金融危机的缓解作用也不能忽视其带来的恶性通货膨胀的恶果。

5. 关于对中国近代金融危机对比分析的研究

对于金融危机比较分析的研究，大部分学者采用了纵向比较的方法，以近代历次金融危机作为研究对象或以近代和当代金融危机为研究对象，对金融危机发生的背景、原因和危害进行对比，从而得出一定的结论和启示。

孙大为的硕士论文《中国近代金融风潮及启示》，以咸丰时期、1883 年、1910 年和 1921 年 4 次金融风潮为研究对象，从历史背景、发生原因和过程 3 个角度进行论述，最后总结经验和启示，他认为政府官员的素质与经济运行的风险大小成反比，金融业的发展不能脱离实体经济而发展。崔磊的硕士论文《中国近代五次金融危机研究》按照明斯基的金融理论对中国近代 5 次金融危机进行分析，他认为市场并非理性的，过度投机和信贷扩张是导致金融危机的根源。

纵向的对比分析，有利于总结、归纳不同经济环境下金融危机的共性，但是缺乏了横向比较所反映出的同时期经济环境下的特点。

（四）简单评述

学术界对于1935年金融危机的研究，取得了一定的成果，诸如白银和货币制度、金融机构（主要是银行和钱庄）在危机中的表现、美国白银政策对中国的影响、政府的金融统制以及法币改革等，为进一步审视和深化中国1935年金融危机的研究提供了基础，拓展了思路，但仍存在如下不足和欠缺：

（1）上述的研究集中于几个热点问题，点式研究的特点明显，因而系统性研究不够，并且研究内容较为重复，缺乏微观和宏观上对中国1935年金融危机的整体透视，未能对其爆发、经过、危害和应对进行系统梳理。

（2）研究深度不够。对于1935年金融危机的研究，大都停留于描述性的陈述，对于其发生的原因也只是表象的分析，没有认识到其爆发的根源。缺乏对于金融危机爆发规律和共性的发掘。进行对比分析的大部分都是纵向比较，没有进行横向对比研究。

（3）理论高度不足。以往对于1935年金融危机的研究主要采取的是史学的研究方法，侧重于历史事件的描述，从而忽视了经济因素的影响，淡化了货币金融层面的研究，使人感到运用理论武器去分析和解剖、更多探寻经验和规律、透过现象揭示本质等方面存在不足，即在提高研究成果的理论高度方面还有继续下力气、下功夫的必要。

前辈学者的研究为我们后人提供了大量的可资学习、参考的成果，这些成果已经进入中国金融史研究的学术宝库。站在今天的学术高度，我们指出以往研究存在的不足和缺陷，并非想否定什么，而只是想寻找新的视点，探寻深入研究的突破口。本书的选题也是基于此点的。

三、研究方法与创新之处

（一）研究方法

（1）本书采用多种学科相结合的综合研究方法。作为经济史学科的博士论文，本书力争做到史料翔实，并以此奠定全文的基础。同时，在经济学理论的指导下进行了深入的分析和总结。除了历史学、经济学，还运用了金融学、管理学、统计学等相关学科的有关知识。

（2）定性分析与定量分析的结合。本书在尊重历史逻辑与历史事实的基础上，采用定量分析、定性分析的研究方法，对 20 世纪 30 年代中国金融危机进行系统、全面的分析。

（3）比较分析的研究方法。本书运用比较分析方法，对近代先后发生的 5 次比较典型的金融危机进行比较，分析 5 次金融危机的各自特点和共性，力求发现并科学地总结金融危机的规律。

（4）注重调查。重视史料搜集，注意在研究中融入"田野调查"。

（二）创新之处

（1）在前人研究成果的基础之上，更为系统、全面地研究了 20 世纪 30 年代的中国金融危机。涉及 20 世纪 30 年代中国金融危机发生的政治和经济背景、发生的具体过程、对社会造成的危害、金融危机的治理等方面，通过研究，将 20 世纪 30 年代中国金融危机历史较全面地还原并呈现出来。

（2）研究方法、理论的创新。本书并不止于对史料的应用，还学习使用综合（多种学科）方法开展研究。如运用马克思的金融危机理论、明斯基的"金融不稳定假说"和金德尔伯格的金融危机理论剖析 20 世纪 30 年代中国金融危机发生的根源。

四、研究目标与论文结构

（一）研究目标

（1）对 20 世纪 30 年代中国金融危机进行长时段、全方位的研究，追究其发生原因，梳理其经过，透视其历史与现实后果。

（2）理论探求。通过对 20 世纪 30 年代中国金融危机的系统考察与研究，剖析金融危机的本质，总结金融危机发生的规律与机理。

（3）金融对经济发展既有推动的正效应，又有破坏的负效应。防范金融危机发生，力求将金融危机的损害降至最小，已是当今的共识，但这需从多方面努力，本书的研究在于史为今用，试图找出"镜鉴现实"的真谛，通过历史的研究，力求提高对金融危机的认识，提高对金融的驾驭水平，避免或降低金融危机的损害。

（二）论著结构

本书主要内容共 6 章，其具体内容大致如下：

第一章，介绍金融危机和相关理论，为下文研究 20 世纪 30 年代中国金融危机提供一定的理论依据。金融危机是一个逐步形成的概念，它伴随着金融业的发展而发展，其经历了经济危机——货币信用危机——货币危机——金融危机的演变过程。而金融危机的根源，一是经济周期波动；二是金融体系的内在脆弱性。经济周期波动和金融体系的内在脆弱性使经济生活中不断产生和积累着爆发金融危机的能量。当这种能量积攒到一定程度时，就会爆发，从而发生金融危机。

第二章，通过分析20世纪30年代中国金融危机发生的历史背景，总结出中国发生金融危机的原因，即内忧外患。首先，近代中国以白银为主的紊乱的货币体系，阻碍了中国经济的发展，货币的流通的混乱和发行的不统一，严重影响了中国金融体系的安全，并且不利于政府对于货币进行管理，极易爆发货币危机。其次，世界资本主义经济危机对于中国的实体经济产生了一定的影响，中国农村经济凋敝、工商业衰落，加上对外贸易的入超，致使中国实体经济衰败，资金大量流入城市，进入金融体系，形成游资。而中国的金融业由于游资充斥，并没有良好的投资方向，投资者们遂将资金大量投入公债、标金、地产等项目进行投机。投机盛行而产生的经济泡沫一旦破灭，金融危机也将随之而来。金融业的发展不以实体经济为基础，就像空中楼阁一般，终将崩塌。最后，西方资本主义国家对于中国经济上的控制，以及日本对中国领土和主权的侵略，破坏了中国经济金融的发展。

第三章，分析20世纪30年代中国发生金融危机的过程。美国的白银政策是这次金融危机的导火索，美国为了消除西方资本主义经济危机给本国带来的经济衰退，实施收购白银的白银政策，导致世界银价不断提高，而白银价格的提高对于以白银为货币的中国来讲，却是一场灾难。它导致中国白银大量外流、白银的购买力大幅提高、物价奇低、利率高涨，造成中国严重的通货紧缩，期间，相当数量的银行、钱庄等金融机构倒闭。汇率的提高又造成中国对外贸易的恶化，进一步加剧经济动荡。金融危机的发生，又对中国的实体经济产生了严重的影响，农业危机进一步加深，乡村手工业崩溃，工商业萧条。中国作为世界经济体系的一员，并没有在西方资本主义世界爆发经济危机的时候发生金融危机，而是滞后发生的，其主要原因在于中国实行以白银为主的货币制度。

第四章，介绍了国民政府在金融危机前对于金融统制的积极准备和金融危机发生后的应对措施。近代，中国金融业落后，货币体系紊乱，金融体系不健全，中央银行难以履行其金融调控的职责。国民政府通过统一货币发行权、统一货币种类，逐步确立了中央银行的地位，并在金融危机发生后，积极充当最后贷款人，通过金融和行政手段进行危机的治理，最后通过法币改革，建立了较为稳定的货币体系，逐步化解金融危机。

第五章，通过对中国近代5次金融危机的对比分析，总结中国近代金融危

机发生的共性和规律，更深刻地理解金融危机的本质。中国近代先后发生了 5
次比较有代表意义的金融危机，每次危机各具特点，但也有一定的共性。金融
危机发生的外部性、理性问题、过度投机以及金融危机的国际传导都是金融危
机的明显特征。

第六章，通过上述几章的分析，笔者得出几点结论：20 世纪 30 年代中国
金融危机的爆发是内外因共同促成的；国家主权问题关乎金融业的发展；金融
的发展离不开实体经济的发展；货币制度的稳定有利于金融的发展；金融监管
的完善有利于对金融危机的预防。

第一章　金融危机和相关理论

第一节　金融危机的概念

金融危机是一个逐步形成的概念。所谓金融危机可以理解为金融市场上"全部或大部分金融指标——短期利率、资产（证券、房地产、土地）价格、商业破产数和金融机构倒闭数的急剧、短暂和超周期性的恶化"①。根据上述定义，可以了解了金融危机具有普遍性，即覆盖整个金融领域的金融状况的恶化，并且具有突发的性质。它伴随着金融业的发展而发展，人们对它的认识是逐步深入与发展的。

一、经济危机与金融危机

金融危机最初是包含在经济危机的概念范畴中的。经济危机的一般表现形式为：在生产领域中，工厂生产的商品大量滞销，随后出现工厂减产或停产、大量企业倒闭，造成众多工人失业、整个经济濒临崩溃，极大破坏了生产力水平；在商品流通领域中，商业破产，商品滞销，造成物价大幅下跌；在金融领域中，资金极度紧张，利率高涨，有价证券暴跌，银行纷纷倒闭，信用紧缩；在国际收支领域中，要求用黄金结算，造成黄金大量外流，从而黄金价格高涨，遂货币危机发生。

经济危机主要是生产相对过剩的危机，其重点在于生产领域，而在整个经济体系中，生产领域、商品流通领域、金融和国际收支领域相互联系，一旦生产领域出现危机，必然导致其他领域出现一定的危机。经济危机在资本主义社会是周期运动的产物。而金融危机，主要表现为金融领域出现混乱，虽然金融

---

① 伊特韦尔，米尔盖特，纽曼. 新帕尔格雷夫经济学大词典 [M]. 北京：经济科学出版社，1987.

危机也是伴随经济规律的发展而产生的，但金融体系由于存在其特殊的性质，即内在脆弱性，所以金融危机的发生和经济危机的发生并没有必然的联系，具有一定的非周期性。

二、货币信用危机和金融危机

在经济不断发展的过程中，金融业也随之发展，金融业逐渐形成了一定的规模，而金融危机的概念也慢慢从经济危机的概念中分离出来。货币信用危机则成为了金融危机的雏形。货币信用危机的发生离不开经济危机，所以货币信用危机如同经济危机一般具有一定的周期性。其主要表现为：商业信用骤减，大量企业破产；银行出现呆账、坏账，利率急剧升高，信用紧缩，大量银行因挤兑而倒闭；有价证券价格急剧下跌，发行量减少；货币存量减少，黄金的需求量激增。

三、货币危机和金融危机

现代金融业迅猛发展，在发展过程中各类金融问题频现。20 世纪 70 年代以来，金融问题被普遍称为货币危机，并被进行研究。

狭义的货币危机是指某种形式的固定汇率制度的突然崩溃，广义的概念则是指货币流通领域出现的混乱。[①] 从字面上理解，货币危机侧重于金融危机在货币流通、货币购买力和汇率等方面的问题，而金融危机具有更广的含义，它包含了货币危机。

四、金融危机

金融危机的发展经历了经济危机——货币信用危机——货币危机——金融危机的演变过程。金融危机的形成过程是从经济危机到独立成为货币信用危机，再到集中于货币危机，最终形成了金融危机。

金融领域的正常运行一般建立在 4 种均衡之上，即货币供求、资金借贷、资本市场和国际收支均衡。这四种均衡相互联系，当一种均衡被打破到一定程度，就会产生连锁反应，导致其他均衡被破坏，就会出现金融危机。

币值的稳定需要货币供求均衡来维持。当货币供求均衡被打破时，会造成币值的剧烈波动，人们对于货币的信心来自于币值的稳定，一旦币值发生剧烈变化，必然影响人们的信心，当人们对于货币的信心不足甚至崩溃时，货币无

---

① 郭振干，白文庆，尚明，等. 金融大词典 [M]. 成都：四川人民出版社，1992.

法维持正常的流通，货币制度和物价体系也面临崩溃的危险。信用关系的稳定需要资金借贷均衡来维持。当资金借贷均衡被打破时，信用必受其影响，而当市场上信用链条出现问题甚至断裂时，企业以及金融机构必然面临资金短缺的风险，极易受到重创，甚至倒闭。金融资产价格的稳定需要金融市场均衡来保障，当金融市场的均衡被打破后，金融资产价格剧烈波动，引起过度投机或市场恐慌，大量有价证券被抛售，导致资本市场崩溃。汇率和国际资金流动的稳定需要国际收支均衡来维系。当国际收支均衡被破坏时，汇率剧烈变动，就可能出现支付危机和资金大量外流。

上述 4 种均衡联系紧密，一种均衡的打破会引起其他均衡的失衡，所以一旦一种均衡受到破坏就会产生连锁反应，导致一系列失衡反应，从而影响货币、金融机构、金融资产以及汇率的稳定，人们一旦对经济失去信心，就会加剧危机，从而对整个金融经济产生严重的危害。

金融危机的产生与 4 种均衡密切相关，而 4 种均衡在经济活动中又受到经济周期和自身原因的影响。

第二节　经济周期和金融危机

经济周期波动是指总体经济活动上升与下降相互交替的周期性变化和发展的过程。经济周期波动在经济发展的不同时期的特点不同，其内容和表现形式会随着其所处的经济环境变化而变化。经济周期波动是经济发展过程中产生的必然现象，并且不仅存在于过去，也存在于现在和未来。作为经济发展过程中不可避免的金融危机，其发生与经济周期波动关系密切。

一、马克思经济周期和经济危机理论

马克思通过分析资本主义的生产和分配过程，揭示了资本主义的基本矛盾，并分析了资本主义经济危机周期性爆发的可能性和必然性，总结了资本主义经济危机爆发的规律，即经济危机的爆发跟随经济周期波动。

资本主义的经济危机的本质是生产相对过剩的危机。在资本主义制度下，货币的流通手段和支付手段的职能充分地发挥出来。而这两种职能的发挥则为资本主义经济危机的发生创造了条件。货币的流通手段职能，将商品的买和卖在空间上分开，而买和卖又有紧密的联系。商品的出卖必须要有人来买，而卖出商品的人不一定会去买。如果出现只卖不买的情况，必然会出现有些人卖不出商品，这样就会出现商品的过剩，从而产生危机。而货币的支付手段职能则决定了支付关系。商品在生产者之间经常会用赊销的方式进行买卖，只有当以实际货币进行支付时，商品的价值才能得到实现。当生产者出现不能支付的情况时，赊销的商品的价值就不能实现，从而会产生连锁反应，导致一系列的支付不能实现，从而出现危机。货币这两种职能所产生危机的可能性，反映了商品的使用价值和价值之间的矛盾，也反映了商品和货币之间的矛盾。当商品经济发展到一定程度时，这种矛盾就发展为剩余价值的生产和剩余价值的实现之间的矛盾。商品和货币之间的矛盾也发展为资本和信用之间的矛盾。

资本主义经济危机的根源在于资本主义的基本矛盾，即生产的社会化和生产资料私有制之间的矛盾。资本家通过榨取剩余价值，进行扩大再生产，从而更大地攫取剩余价值，由于资本的趋利性，资本家可能会盲目地进行扩大再生产，而消费则可能跟不上生产的步伐。而由于信用和商业的存在，有可能出现一定的虚假繁荣，掩盖了社会购买力不足的情况，而资本家仍在继续扩大生产。当生产过剩达到一定程度时，则会出现商品流通拥塞、滞销、信贷无法支付等现象，生产过剩的危机便爆发了。

马克思的金融危机理论也是在资本主义生产过剩危机的理论中总结出来的。马克思认为，金融危机总是以货币危机的形式出现，即各种商品资本或者虚拟资本向货币资本的转化出现困难，从而引起生产和商业的停滞，或者虚拟资本价格的暴跌，企业、商行以及银行等经营机构流动性难以为继，严重者大量倒闭。

二、凯恩斯的经济周期和经济危机理论

以凯恩斯《就业、利息和货币通论》为代表著作的经济理论，是为了解释经济的周期波动和危机，研究如何预防和应对萧条与危机，实际上是一种关于萧条和危机的经济学理论。

凯恩斯经济周期理论的基础是有效需求理论。凯恩斯认为，经济的均衡和有效需求的情况决定了社会的就业和经济稳定。通常情况下，有效需求是不足以达到充分就业水平的。

凯恩斯的经济周期波动的观点是建立在有效需求不足的理论之上的。凯恩斯认为，"一个典型的（常常是最普通的）恐慌，其起因往往不是利率的上涨，而是资本之边际效率突然崩溃"[①]。因此，凯恩斯把商业循环的主要原因

---

① 凯恩斯. 就业、利息和货币通论 [M]. 陆梦龙，译. 北京：商务印书馆，2009.

归结为资本边际效率的循环性变动。

凯恩斯认为，资本边际效率的变动时间决定了经济周期波动的时间，通常从危机到复苏需要 3~5 年。这与资本边际效率恢复时间及存货消化时间相一致。

三、伴随经济危机爆发的金融危机

经济周期的波动是客观存在的经济规律。经济周期的波动，必然出现高峰和低潮，在高峰时期，很多危险因素被经济的繁荣所掩饰，一旦经济走向低潮，潜在的问题就会浮出水面，从而产生经济危机。而经济活动中包含着越来越多的金融活动，由于经济危机的存在，经济运行过程中也就孕育着金融危机。金融市场中的各类经济活动都是建立在信用制度的基础上，信用是资本运作的杠杆，一旦信用出现问题，作为支付手段的货币的需求就急速扩大，危机也就由此产生。信用的出现，对商品市场和资本市场的发展都具有极大的推动作用，但也会造成经济和金融泡沫的出现。信用虽然不是资本主义经济危机的本质，但对于经济危机的爆发起到了推波助澜的作用。

信用制度的发展，既有助于资本主义的发展又加深了资本主义的各种矛盾。马克思认为，信用是"生产过剩和商业过度投机的主要杠杆"，信用加速了生产力的发展，也加速了生产力和生产关系之间矛盾的爆发。企业进行融资的过程中，企业利用银行、商业信用进行融资，加速资本积累，并进行扩大再生产。这样，就会导致资本家按照自己的意愿进行生产，而忽略了市场的需求。通过这样的方式，市场慢慢活跃起来，尤其是处于市场繁荣阶段，产品的生产和需求就会出现一定的矛盾。

随着生产的不断扩大，信用规模也不断扩张，并继续刺激生产的再扩大，生产的再扩大又继续刺激信用规模的膨胀，两者相互刺激。在信用急速膨胀的过程中，股票、债券等虚拟资本和一些固定资本的投资也迅速发展，其中不乏大量投机活动，造成商品价格和其价值的严重分离，这就成为市场虚假繁荣的信号。而信用的发展也意味着一种债务关系的发展，随着债务关系的延伸，信用契约关系的履行和货币的支付便成为一个紧绷的链条，是一种微妙的平衡。一旦市场中出现波动，如货币供应量减少、利率上升、虚拟资本价格下降等，造成链条一环的断裂，将导致一系列的连锁反应，即大量商品价格下跌、工商业企业倒闭、证券价格暴跌、银行倒闭。这时，大量投资者对市场失去信心，导致市场开始衰落，危机就爆发了。

根据马克思的资本主义经济周期以及经济危机理论，西方资本主义国家的发展过程中，必然会发生经济危机和金融危机，且根据明斯基的"金融不稳定"假说，金融危机的爆发不仅存在外生因素，也有内生原因，所以资本主义国家爆发金融危机具有一定的必然性。

由于资本主义国家的不平等条约等，中国被迫加入了世界经济体系，其经济和金融必然受到国际经济金融波动的影响。加之其处于半殖民地状态，资本主义国家不断对中国进行侵略，一旦资本主义国家发生危机，为了消除危机，必然会向中国进行转嫁，来缓解本国的危机。所以中国在 20 世纪 30 年代发生的金融危机有很大一部分原因是资本主义国家转嫁危机造成的，资本主义国家进行危机转嫁主要是通过货币手段进行的。

第三节　金融体系的内在不稳定性和金融危机

频繁发生的金融危机预示着：世界的经济环境可能具有某种脆弱性。国际清算银行在《银行业有效监管核心原则》中指出：在任何国家，一旦发生银行体系的衰弱，都可能威胁到本国和其他国家的金融稳定。金融业较其他行业容易出现问题，其根源在于金融业具有内在的脆弱性。

一、海曼·明斯基的"金融不稳定假说"

海曼·明斯基认为商业银行和贷款者作为私人信用的创造机构，会不断受到周期性危机和破产风潮的冲击，并由其金融中介的身份将危机和冲击造成的不好影响传递给整个经济。

明斯基认为投资对利润具有决定性作用，金融为什么对经济影响剧烈，因为金融能够控制投资。资本主义经济的特点是资本在生产流通过程中不断扩张，并通过复杂的金融系统进行再扩大。资本主义经济的资本扩张过程则是"当前货币（Present Money）"向"未来货币（Future Money）"转变的过程。当前货币用于生产和投资，而未来货币则是利润。而当前货币与未来货币之间的转换过程中，需要进行融资，并兑现融资时的承诺，这就需要一个媒介连接融资的双方，银行就为融资的进行以及承诺的兑现架设了一个桥梁。

金融相当于连接资本主义经济活动的过去、现在和未来的纽带。对于利润的预期和融资的流量、价格起了重要的作用，而利润的实现则决定了融资承诺是否能够兑现，即能否偿还债务。所以投资、利润和金融三者相互依存。

明斯基认为有三种不同财务特性的借款企业存在于市场中：

第一种是抵补性借款企业。这类企业进行融资时，会考虑其未来的现金流量，从而进行抵补性的融资，用来进行日常生产经营活动，即其预期收入一般会大于融资数量。对于金融机构来说，这类企业是最安全的借款者。

第二种是投机性借款企业。这类企业的融资依据是预测未来资金的余缺程度和时间。他们可能在一段时间内出现资金短缺，预期收入可能会小于融资额。但从长期看来，他们的负债小于现金收入。

第三种是"旁氏"借款企业（Ponzi Finance Firms），也可称之为泡沫式集资者。这个称谓来源于"旁氏"集资计划（Ponzi Scheme）——历史上著名的泡沫现象。这类企业的借款风险很高。他们的借款投资于周期很长的项目，而短期内的收入不足以支付借款的利息，在未来长期受益也是其假想的目标。所以，他们必须不断通过融资来支付利息和本金，且融资数额不断扩大。他们预期未来某天能用良好的收益来偿还债务，并且还能获得额外的收益。

随着经济的繁荣和对更多利润的追求，金融机构对于贷款发放的条件逐渐放宽。而借款企业则因宽松的信贷环境，更进一步提高负债比率。于是借款企业的抵补性借款比例减少，后两种借款比例增加。因为利润的冲击，金融机构更加青睐于大规模、高风险、长周期的项目。于是，企业和个人的负债比率越来越高，不动产以及金融产品的价格不断上升。当经济周期繁荣阶段接近尾声时，经济形势则开始变得严峻。当对经济产生一定冲击时，信贷资金的供应链可能出现问题，将会导致生产企业的破产和违约风潮。金融机构不能幸免，会发生连锁反应，出现危机。

二、金德尔伯格的金融危机理论

1. 外部冲击

根据明斯基的理论，危机一般始于"外部冲击"，即对宏观经济体系的外部冲击。外部冲击有可能是农业的丰收或歉收，也有可能是战争的爆发或结束，还有可能是一项具有划时代意义的发明创造得到广泛采用，如汽车、铁路等，或者是具有广泛影响的政治事件或者是金融事件，货币政策的突然变动也可能导致冲击。

不论是什么因素引起的外部冲击，如果冲击足够大，影响足够广泛，则会影响经济部门的正常运行，从而改变经济的发展方向。外部冲击给一些新的业务或现有的老业务带来了盈利的机会，同时对另一些业务则关闭了盈利的窗口。大量资金就会由亏损的业务退出并转向盈利的业务。如果新的盈利机会比失败的机会多，则投资和生产会增加，经济开始走向繁荣。

2. 信用扩张

由于投资和生产的增加，银行信用开始扩张。在明斯基的模型中，银行的信用扩张促进了经济繁荣，它增加了总的货币供应量。银行一般都可以创造货币，有的是通过发钞的形式进行的，有的则是通过贷出多余存款完成的。明斯基模型认为银行信贷极不稳定。由于个人信用具有无限扩张的本性，市场上可能会出现额外的支付手段以助长投机，在银行介入之后，银行的货币支付手段不仅在现有的银行体系内扩张，还会通过其他形式扩张，如发明新的信用工具、建立新银行以及个人信用的扩张。所以避免货币过度扩张，就成了稳定金融的一个问题。但是，即使做到了防范这种银行体系内的不稳定性，如果存在足够的利益驱使，个人信用的不稳定性仍然为经济繁荣提供了融资支付手段。

3. 投机需求

假定存在投机需求，且该需求已经转化为对商品和金融资产的有效需求。经过一段时间的发展，市场需求的增加必然要求更高的产品生产能力和金融资产的供应能力。结果，产品和金融资产的价格上涨，导致更多的厂商和投资者进入市场。这时，由于连锁反应，新的投资增加了收入并促成了进一步投资，收入进一步增加。这就是明斯基所谓的"上升阶段"。由于生产和投资的增加，则对价格上涨的投机增加，这一过程继续下去，则产生了"过度贸易"。

4. 泡沫

过度贸易可以理解为对价格上升的纯粹投机，即对未来收益的过高估计。在商品市场上，纯粹的投机，是指买是为了卖，并不是为了使用而购买，在金融市场上的投机，则是指购买为了再出售，而不是为了获得金融资产的一般收益。

当厂商和居民看到他人以投机性的购买和再出售获利时，他们也会试图模仿。当进行投机的厂商和居民数量足够庞大，一些资金不足或对风险厌恶的人群也被卷入进来时，对利润的投机就从正常的理性行为转变为"投机狂潮"或"投机泡沫"了。"投机狂潮"一词强调了其中的非理性；"泡沫"一词则由于泡沫随时可能破灭而蒙上了阴影。

5. 欺诈

投机阶段的后期，投机对象将从现实的有价值的物品转向虚幻物品。而欺诈则是伴随着泡沫产生的。

6. 危机的国际传播

虽然明斯基的模型仅限于一个国家，但历史上发生的过度贸易大部分都会从一个国家扩散至另一个国家。扩散的渠道有国际的套利行为，资本的流动以及黄金、白银或外汇等形式的货币流动。

关于货币流动，一般认为，在理想的世界中，一国的货币收益必然与另一国家相应的货币损失相对应，即一国的经济扩张被另一国家的经济紧缩相抵消。但是，现实世界中，一国货币储备的增加导致经济繁荣，但是另一国家的货币储备减少，经济也可能繁荣，因为价格和利润的增长会吸引投资者进行投机。即由货币紧缩导致的经济紧缩会被投机行为带来的繁荣所淹没，这样，即使一个国家表面繁荣，但信用体系仍然面临很大的威胁。

7. 财务困难

随着投机性繁荣的继续，利率、货币流通率和价格都将继续上升。在一定阶段，某些人决定接受现有的利润，出售投机商品。在市场达到高峰时，不断有人获得利润退出市场，也不断有新的投机者进入市场。当投机者意识到，他们资产不足，需要流动性的时候，他们就会出售资产变现，这样就会对商品和证券价格产生灾难性后果。一些通过借贷进入市场的投机者则不能偿还贷款。这时就出现了"财务困难"。

8. 银行倒闭、危机爆发

如果这种困难状况继续下去，投机者将逐渐地或者突然地意识到市场繁荣难以维持。这时，投机者争相从长期或实际金融资产中退出以换取现金，就演变成了一种溃逃。

突然引发危机的特定信号可能是一家压力过大的银行或企业的倒闭，某人试图以不正当手段逃避压力等欺诈或挪用资金行为的暴露，或是主要投机对象的价格由于定价过高而下跌，首先表现为单一投机对象的价格下跌。在以上任一种情况下，都会导致市场崩溃、价格下跌、破产增多。这时，有人意识到，市场参与者不可能都在价格最高点上售出获利，则会引发市场恐慌，就出现了"风云突变"。商品和证券市场的风云突变导致银行停止发放抵押贷款，从而导致了信用紧缩，进而爆发危机。

9. 金融危机终止

危机出现后，也会进行演变，当出现以下3种情况中的1种或1种以上时，危机将会终止：①价格下跌至人们愿意再次购买流动性稍差的资产；②当局限制价格下跌，关闭了交易所，或者终止了交易；③最后贷款人成功地说服了市场，表明有足够的资金满足现金需求。

第四节　金融危机的生成机理

虽然世界经济环境具有一定的脆弱性，而金融危机发生的根源，要回归于整个金融体系中。金融机构的运行机制、金融市场机制和国际金融体系间存在的一些天然的缺陷为金融危机的发生提供了必要的条件。

一、金融机构运行机制存在的缺陷

金融机构具有过度借贷的内在冲动，是造成金融体系内在不稳定性的关键原因。而金融机构运行机制的缺陷，也是造成金融体系内在不稳定的重要因素。

金融机构分为银行类和非银行类金融机构，两种机构运行机制的缺陷具有相似性。银行类金融机构运行机制的缺陷有：①银行资产负债期限差异导致银行资金流动性的缺陷；②借贷双方信息不对称导致银行资产质量的缺陷；③银行资本和规模的制约下对抗市场风险能力的缺陷；④过度依赖于公众信心导致以高负债经营的银行生存的缺陷；⑤由于追求利润，存在逆向选择和道德风险的缺陷。

1. 银行资产负债期限差异和银行资金流动性

流动性是指资产在短期内变现满足支付客户提存和偿还到期债务的能力，广义的流动性也包括了银行从外部进行融资的能力。银行的流动性，不仅取决于银行对于资金头寸的管理水平，还取决于银行资产负债的结构和质量。一般而言，银行平均资产期限长于平均负债期限，这样就导致银行在经营活动中不得不面对流动性风险。对于银行而言，短借长贷是获得利润的重要方法，而对于客户来讲，短借长贷也是其需求。对于存款人来讲，银行必须随时满足其提现的要求，但是银行收回贷款的本息的期限是约定好而不能更改的，这样造成了银行贷款的高风险和低流动性，而存款人则享有低风险和高流动性。而现实生活中，存款人一旦要求提取存款，无论存款的金额大小和期限长短，银行一般都会予以满足，而借款人到期无力偿还的情况时有发生，这样银行不仅面对存款者资金的高流动性，也要面对借款人的信用风险。

虽然存在着这样的缺陷，银行依赖大多数法则，仍能够正常营业。存款人一般不会同时进行提款，在一定时期内，一些存款人的提款会被另一些存款人的存款所替代，形成相对稳定的存款量。所以银行一般总能保持一定的资金来应付日常支付，并将多余的存款贷出盈利。一般而言，银行的贷款大多数还是能被偿还的。

但是一旦出现多数存款人挤兑和大量企业无力偿还贷款的情况，银行潜在的流动性风险就会演化成流动性危机。

2. 信息不对称和银行资产质量

金融中介是为了降低信贷交易成本、减少信息不对称而产生的。在金融中介未出现时，借贷双方信息不对称，从而很难就利率问题达成一致，交易难以完成。银行的出现，则很大程度地解决了这个问题。银行具有一定的资本，并且有完善的会计和结算系统和一定专业技能的专业人员经营，对不同借款人的信用和财务情况的信息的获得比较全面，并根据风险的大小来确定贷款利率。与此同时，银行对于借款人日后资金运用情况的监督比存款人更有优势，从而降低了逆向选择和道德风险。

但是，银行无法完全避免逆向选择和道德风险，是由于信息不对称以及交易成本无法完全消除。银行对于借款人的信息不可能百分之百地了解，并且对于借款人日后资金运用的监督仍需要较高的成本。所以，银行虽然比存款人对于借款人信息的了解和监督具有一定的优势，仍无法完全消除逆向选择和道德风险，从而容易造成不良资产出现，引发银行危机。

3. 市场风险和银行抗风险能力

银行所面临的市场风险主要有利率风险、汇率风险和各类资产价格风险。

由于银行的主要利润来源于存贷利差，所以其对存、贷款利率的相对变动具有很强的敏感性。而存、贷款利率经常变动，所以银行的利润也会随之波动。当存、贷款利差变大，则银行利润率提高，但是会降低存款和贷款数量，银行资产负债规模也会随之变小；利差变小，则会降低银行利润率，但是银行的资产负债规模则会提高。银行的利润率还和利率的结构相关，当利率市场出现短期高利率和长期低利率时，银行的成本就会升高，而利润就会降低。

由于货币是银行的经营的商品，而不同货币之间的价格变动就体现为汇率的变动，银行的资产和负债不仅仅局限于一种货币，而是分布于不同的币种之间。这样汇率的变动，必然会影响银行资产和负债，使其产生一定的波动，具有一定的不确定性。所以汇率风险也是银行面临的主要风险之一。

银行的利润不仅来源于存贷利差，还有其自身的投资业务。当银行将资金投资于固定资产或者金融资产时，由于固定资产和金融资产的价格会随市场不断变动，银行会面临着很大的风险，并且以这些资产为抵押的贷款，也会受到资产价格波动的影响。

银行的经营会受到市场风险的影响，银行的经营方针其实就是在承受一定风险的情况下，去追求利润。由于市场风险的客观存在，银行无法躲避，所以银行受到其资本和规模的制约，在对抗风险方面存在一定的缺陷。

4. 银行的生存依赖于公众信心

银行的经营模式确定了银行的高负债性。所以，银行的高负债率必然会增加其对于负债稳定性的依赖，否则，银行无法获得资金，便也无法生存。

而负债的稳定性，则依赖于存款人对于银行的态度。只有存款人不会同时提款，银行才能将具有较高流动性的债务转化为具有较低流动性的债权。而存款人不同时提款的前提就是公众对于银行有信心，这样银行才得以生存。

对于银行而言，存款人具有数量大、分布广和无序性等特点，所以大部分存款人都会以个人利益为首要目标。一旦市场出现特殊事件，使存款人认为其存款受到威胁或其个人利益受到损害，极易发生存款人挤兑现象。加之羊群效应的影响，更多的存款人会加入到挤兑行列，公众信心一旦崩溃，所带来的银行流动性危机就会导致银行倒闭。

5. 追求利润所发生的逆向选择和道德风险

银行作为经营特殊商品的企业，追求利润是银行经营的首要策略。而银行的管理者在经营管理银行时所提出的经营策略会给他们带来较高的收益或者较低的惩罚。在经济繁荣时期，银行管理层选择进行高风险的贷款以获得高收益，而即使在经济萧条时遭受损失，其受到的惩罚也比在经济繁荣时期没有选择高风险、高收益贷款的经营者小。并且，在经济繁荣时期，银行获得了高收益，管理层获得的奖励和收益也很大。所以一旦风险决策正确，就会获得较大的收益。而追求利润的经营目的，以及银行经营的奖惩不对称，正是银行经营管理的天然缺陷。

对于追求高额利润的管理者来说，高风险、高收益的贷款和投资项目是其首要选择，而正是这样，则会导致银行经营的投机性提高，从而产生一定风险。正如明斯基所说："金融危机，实际上是因严重的逆向选择和道德风险而使得金融市场不能有效地将资源引导至那些有较高生产率的投资项目，从而发生崩溃的现象。"

二、金融市场机制的负面效应

一般情况下，市场机制具有自我调节的能力。但是，金融市场机制也在一定条件下具有扩大和激化市场矛盾的功能，表现为金融市场上信心危机的传递、金融市场上支付危机的连锁反应和金融市场上安全保障设施的负面效应。

1. 金融市场上信心危机的传递

金融危机在某种意义上，可以说是一种信心危机。整个金融体系的存在是以信心为基础的，所以信心会在一定条件下导致金融体系出现问题。由于个体间联系紧密，并且有从众心理，所以信心具有传递性。信心会通过示范作用和周边个体的从众心理，在公众间蔓延，形成公众信心。相反，信心的失去也会通过同样的机理，形成信心危机。信心危机的生成和传递机制，由以下两方面构成：

第一，信心危机的自生成效应。在金融市场中，当一家金融机构发生流动性困难时，可能引起其他金融机构对其的信心危机，则该金融机构的信用评级和拆借额度会被降低，该金融机构在金融市场中很难进行融资。而由于这种正常的市场反应，有可能会使其由临时的流动性困难转化成危机，最终走向破产。

第二，信心危机的自增强效应。金融市场内，一个金融机构的公众信心的丧失，可能引发公众对于整个金融体系信心的失去。一旦出现这种情况，以不同类型经营策略生存的金融机构，都会受到影响，出现挤兑风潮，甚至破产。而市场上会出现商品抢购以及资金外流的风潮。人们虽然清楚地了解到市场机制运行可能出现这样不好的结果，但出于保值的动机，当市场上信心危机出现时，人们都会争先恐后地采取行动，使这星星之火酿成燎原之势，最终燃遍整个金融市场，并将自身置于火海之中。

2. 金融市场上支付危机的连锁反应

激化金融市场矛盾的另一个市场机制是金融市场上支付危机的连锁反应。在市场经济中，债权债务网络无处不在，各个经济实体都置身于其中。在这张债权债务网络中，对整个金融体系产生影响最大的则是金融机构之间的债权债务关系。这类关系表现为：金融机构间的大规模同业拆借；金融机构间的金融衍生品交易；金融机构之间，尤其是银行间的账户行和代理行的关系；金融同业间的巨额外汇买卖等待到期交割；连接各类金融机构的清算网络每天及时履行支付，等等。在这些行为中，任何一个环节出现的支付困难，都会产生一系列的连锁反应，都有可能发生大面积的流动性困难或银行业危机。所以，金融体系中，金融风险会迅速传递并放大，在这样的市场机制下，局部的金融问题会迅速转化为整个金融体系的危机。

3. 金融市场上安全保障措施的负面效应

各国金融管理当局为了维护金融业的稳定以及经济的安全，都会建立金融安全保障设施并制定法律法规来防范金融风险。中央银行不仅在金融机构发生支付危机时充当最后贷款人，为其进行紧急援助，还建立存款保险制度，以避免支付危机。

当然，存款保险制度有利于金融业的稳定发展。但是，辩证地来看，存款保险制度在为金融机构的存款提供保护的同时，也降低了金融机构的风险压力，导致道德风险的出现。在存款保险制度下，存款人的风险防范意识降低，忽视了金融机构的信用等级，从而导致金融机构信用等级作用降低。存款保险金率相同的情况下，经营状况较差的金融机构和经营状况良好的金融机构都有可能获得更多的资金，而对谨慎经营的金融机构而言，其要分担冒险经营者所带来的一部分损失。这种机制产生的不良后果就是社会风险意识的降低以及社会资金资源的不合理配置。

三、国际金融体系的内在脆弱性

1. 国际汇率体系稳定性的弱化

国际汇率体系稳定性的弱化，形成各国之间基本经济关系和国际金融体系内在的脆弱性。

在固定汇率制度下和浮动汇率制度下，各国的货币都不可避免地遭受了种种冲击。

在固定汇率制度下，有利于降低汇率风险，便利国际贸易，增强国际投资者对本国的投资信心，并且易于进行成本和收益核算。但其缺点是：①固定汇率制不易维持，需要有雄厚的外汇储备。②汇率需要调整时不容易调整。汇率高低影响着国民经济的方方面面，长期不动会积累许多问题，一次性调整将会产生许多负面影响。因此，在固定汇率制下，调整汇率的经济代价很高，并且会遭遇许多方面的阻力，因而难于调整。③维持固定汇率制的稳定，仅仅有大量的外汇储备是不够的，还需要有良好的国家经济基础、金融体系、国际收支状况。④在固定汇率制下，容易产生汇率扭曲。政府人为地制定和调整汇率，存在着客观性、合理性、科学性和及时性的众多问题。

在浮动汇率制下，容易出现经常性的汇率过度波动和错位。浮动汇率制度使国际投机资本迅速增长和游动。虚拟资本在浮动汇率制下迅速国际化，汇率的波动进一步加剧，国际金融市场的风险增加，各国货币当局控制虚拟资本流动的能力被削弱。尤其是在浮动汇率制下，各国之间的货币政策难以协调，世界范围内没有类似各国国内的统一的货币管理机构，汇率非常难以进行有效的控制。因此，在浮动汇率制下，汇率体系的不稳定性增加，会对世界经济产生不好的影响。

2. 各国经济金融的不平衡发展

各国经济金融的不平衡发展，使得发达国家和发展中国家之间的贫富差距越来越大。在同一时期，各国所处的经济阶段并不一样，相应的经济增长率、通货膨胀水平各不相同。因此，各国在该时期的财政政策、货币政策的目标也是不一样的。

金融市场的一体化和金融泡沫的全球化，导致了金融风险可以在国际迅速传递、放大。各国的经济状况和政策措施对外产生的影响，以及各国本身受到外界冲击的机会也随之增大。根据本国经济需要制定的政策，通常都难以兼顾与之联系紧密的国家的经济利益和两国之间的货币汇率。各国政策间的利益冲突和政策差异不可避免。这就会引起外汇市场上汇率的波动和国际投机资金的投机行为，造成国际金融体系内在机制的脆弱性。

随着各国开放程度的提高，那种只根据自己的情况和利益来制定政策的传统观念行不通了。利益和政策的差异必然要求各国政府对其内部经济政策与国外情况进行相互协调，并兼顾国内和国际经济关系。另一方面，国际机构或各国政府之间对跨国投资、跨国金融活动的监管、国际协调的难度也越来越大。金融市场的全球化、自由化，削弱了国家对本国经济和金融的管理能力。货币的自由兑换，给一国控制货币汇率带来了极大挑战。

3. 畸形的国际债务结构

过度膨胀的国际债务和畸形的债务结构，形成国际债权债务关系链条的脆弱性。

发展中国家为了促进经济增长，大力引进外资。新兴市场的高利率和国际信用总量的膨胀都鼓励了巨额资金向发展中国家流动。这使得发展中国家的经济繁荣，很大程度上依赖于外资的持续流入。

过度借贷，给发展中国家带来了沉重的债务负担。在繁荣的国际借贷市场和高速发展的新兴市场经济的背后，隐藏着危机。外资的稳定性较差，经济形势一旦出现不好的苗头，就会迅速撤离，使得这些国家缺乏后继资金来源，形成债务危机。同时，债务国的债务危机导致其无力偿付外债，会造成债权国资金回流困难，从而形成国际债权、债务关系链条的断裂。结果，加重了国际经济金融的动荡，使国际经济金融体系变得脆弱。

对于金融危机的概念、特征以及生成机理的认识和理解，有助于我们对20世纪30年代中国发生的金融危机进行研究，能让我们更加深刻地看到金融危机的本质，并为我们提供有力的理论依据。

第二章 20世纪30年代中国金融危机的历史背景

中国20世纪30年代之所以发生金融危机，原因极为复杂，既有外部因素，又有内部因素，外部原因主要归于美国白银政策，其实质是中国与西方宗主国之间不平等的经济关系与金融关系，即中国经济和金融依赖世界资本主义体系，成为所谓"西方强国"的经济危机和金融危机的"转嫁地"，或西方资本主义危机的"平衡水池"。内部原因则溯源于中国货币制度、金融体系等，中国货币、金融虽历史悠远，但仍处于原始向现代转化的过程中，现代与封建共生、先进与落后共存、开放与保守并存、弹性与僵化同在，远远不能适应中国面临世界市场及国际金融形势下的金融需求。难以对国际金融格局的波动做出合理、妥当的反应并采取正确的措施去解决问题，有时甚至扩大金融波动范围，任其酿成金融危机。

第一节　近代中国以白银为主的紊乱的货币体系

一、银两制度的发展

中国以银为币的历史，由来已久，在"夏、商以前，币为三品"的时代，白银便与珠玉、黄金一起成为当时的货币了。但是，白银在中国成为币材并取得主币地位，应该是明代中期以后的事情。明代嘉靖年间，政府将各地银两按法定的单位和成色铸造成锭（称为宝银，并记录铸造年月及官吏与工匠姓名），银两有了法定的单位和成色，从此，中国有了最初的官颁银两制度（关于银两铸造与流通、兑换的法规）。到了清代，银两制度进一步发展与巩固，并成为清代货币体系中不可或缺的部分，通常是白银用于大额交易以及国家的税收和支出，小额交易以及百姓的日用货币流通则以钱为主。

银锭是银两的传统形态，在清代，元宝银是银两的总称，而元宝、中锭、小锭、碎银等均是银两的叫法。银锭并不是抽象的货币单位，而是一种称量货币。通常以两作为单位，钱、分、厘作为两以下的十进位单位，一般铜钱用于支付厘的单位。由于银两是特殊的称量货币，其交易时相当麻烦。

衡量银两重量的平砝标准十分复杂，清代时，平砝主要有4种，即库平、关平、漕平和市平。有人统计，旧中国各地平砝种类有170多种（其中未包括云南、广西、甘肃和新疆这4个省的平砝）。货币史专家张家骧先生推断："若全数列入，吾恐当倍于此数也。"①

银两作为货币，衡量其价值的另一个重要因素就是成色。成色就是指银纯度（例如成色98即含银量为98%），成色越高，含银越多。近代的银两并没有统一的铸造发行机构，一般由官方分设在各地的银炉或炉房（如东北营口）进行铸造，这样就造成了市面上流通的银两成色不一。

由于银两的成色各异，而且各地的平砝种类多样，银两的流通过程中就出现了很多问题。相同重量而成色不同的银两价值不相同，成色和重量都相同的银两因平砝不同而名义重量不同，导致名义价值不同，给商号的计帐增加了极大难度，虚银两就是为了解决这个困难而出现的。所谓虚银是指官府和民间共同认可的一种标准银的计算单位，仅仅是一种计值单位而并不实际存在，如上海的九八规元、营口的炉银、汉口的洋例银、天津的行化银、北平的公砝银等。银两在流通中的繁琐由此可见一斑。

应该说，元、明、清以后，白银作为中国货币体系中重要的一员，地位渐趋重要且稳固，所谓的"白银制度"（白银的铸造、其与制钱的兑换比价、成色标准、记账规定等）日益成熟，这是中国货币流通与货币制度的历史性进步，我们不能抹杀其对中国经济发展、货币演进的历史性贡献，但白银作为货币，其平砝上的复杂性、其成色上的杂乱性、其分类上的玄虚性，既是旧中国各地经济发展不平衡性的表现，又从货币流入的角度阻碍市场流通和经济的发展。这样一种货币及其相关的白银制度迟早应退出历史舞台。西方的金融的风波一旦袭来，中国以白银为主的货币体系如何应对便可想而知。

二、银元的开铸

中国有银元流通的历史，在中英鸦片战争前有300余年，在19世纪80年代以前，流通中的银元全是外国银元。

---

① 张家骧. 中华币制史 [M]. 北京：知识产权出版社，2013.

外国银元流入的渠道是中国与吕宋（菲律宾）间的贸易往来。随着西班牙殖民者16世纪（1565年）占据吕宋等地，西班牙银元得以在当地流通使用，而中菲之间的经贸往来使得这种银元流入中国，开始的流通区域主要在广州、宁波、厦门等沿海口岸。

外国银元流入中国并广泛流通使用，这对于中国的货币体系和制度产生了巨大的冲击：

第一，中国的封建货币制度本就极其复杂，大批外国银元涌入中国以后，加剧了中国币制的混乱。各国银元在中国不同地区有了自己独占的流通领域；它们的价格在中国市场上下波动，变幻无常。

第二，外国银元的流入造成中国白银大量外流。外国银元与白银的不等价兑换，含银量较少的外国银元可兑换较多的白银，导致外国银元大批流入的同时，中国白银大量外流，中国金融市场因此银根紧张。

第三，刺激中国币制改革。为了抵制外国银元，清政府开始了铸造银元的实践，1887年（光绪十三年），清政府批准两广总督张之洞奏议，在广东设厂仿铸银币——"光绪元宝"（成色银九成，重七钱二分）。在广东的带动下，各地开始分别铸造银元。由于各省铸造银元的成色和重量不同，银元流通的混乱便逐渐体现出来了。

民国时期，货币本位问题争议再起。1914年2月8日，北洋政府颁布了《国币条例》。除个别省区外，全国普遍接受了《国币条例》对于银币的币型、重量、成色的统一规定。《国币条例》规定国币为银币4种、镍币1种、铜币5种，均以十进位计值；以一圆银币为主币，其余为辅币；国家财政收支一律改用国币；所用银两、银角铜元、制钱一律折合国币名称计算。

中国近代自铸银元始自洋务派张之洞在广东的仿铸，1925年，《银行周报》记载："自光绪十五年（1889年）张之洞在广东开铸银元，到1913年底时全国共铸银元约2.2亿元，小洋约铸2.3亿元。1913年至1916年，银元共铸1.8亿元。"从那时起，全国铸造（含仿铸）的银元共有多少很难进行精确统计。粗略估计，20世纪30年代中期以前，中国自铸银币（面额壹元）不会超过20亿元。

银元的铸造流通对于银两（白银）的铸造流通具有巨大的优越性，即使用便捷、形态统一等，但是银元的铸造流通又加剧了中国货币制度的混乱，银元、银两的共存于世，造成流通、兑换的极大不便。

三、纸币制度的发展

从金融发展史的角度来看，各国纸币发行制度也时有变化，大致经历了三个阶段：第一阶段是金银准备阶段，第二阶段是保证准备阶段，第三阶段是管理通货阶段。① 近代中国的纸币发行制度，处于第一和第二阶段共存，并逐步向第三阶段发展的阶段。

近代中国纸币发行可以分为政府纸币、银行券、私票三大类，而纸币之分别，除银行券之外，又有银辅币券、小洋兑换券、铜元券、海关金券。至于现洋之铸造则有"站人洋""鹰洋""大龙洋""袁头洋""孙头洋"。

所谓政府纸币，即政府发行的库券。此券多由政府特向银行抵借现款之用，而少在市面流通，只有武汉政府所发行的国库券，曾以普通钞票的资格流行于世，不出数月，即随政府的分裂而倒塌。中国通商银行成立之后，即发行银行券，而后来成立的中国、交通、四明、中南、中国兴业、中国实业、中国垦业、中国农工等银行，先后发行钞票，此所谓"多数发行制"，为世界所罕有。而各个银行的发行制度也不统一，多因其营业范围而定其发行数量，也有预防兑现而冠以不同地名的，即所谓分区发行制，例如中国银行发行的钞票上印有"上海""汉口""天津""广州"等字样，其用意是不限于某一省份，然而当遇信用动摇而发生兑现的情况时，印有"汉口印制"的中国银行钞票，上海方面可拒绝兑现，避免了危险波及整个中国的银行。

中国盛行私钞，此为封建官僚军阀对人民的货币剥削。各省市军阀所设立的银行（钱庄），皆私自发行当地钞票，既没有保证金，也不兑现，军阀势力存在时，尚可在其军事力量的掩护下暂时使用，一旦军阀势力崩溃，此类钞票则变成废纸。

近代中国纸币的发行机构，简而分之包括国家银行、商业银行、地方银行、外商银行及发行私票的地方钱庄、地方政府、企事业单位等。

在法币改革前，中国的纸币发行紧盯金银实物，而白银在当时中国的地位十分重要，所以纸币的发行受到白银的影响极大，白银的数量对于纸币的发行有着重要影响，从而当时的纸币制度甚至货币体系的稳定取决于白银。

尽管中国的银行在管理纸币的能力上不断增强，但其体制仍然不完善。表现在：①对中央政府普遍的不信任。由于政府对于货币的频频更换以及货币政策的不连续性，公众对于国家银行发行的银票极少有信任感。②中央政府政策权利的薄弱。政府无力禁止外国列强根据不平等条约使由外国银行发行的外国钞票在国内的流通。③发行权利的分散。政府无力阻止银行纸币的发行，也对其在全国的扩散束手无策。具有发行权利的银行在全国达36家之多，而非正

---

① 王广谦. 中央银行学［M］. 北京：高等教育出版社，1999.

式的发行者更是数不胜数。

四、近代中国币制及其流通的紊乱

在 1933 年"废两改元"之前，银两、银元、铜元和纸币作为货币在中国流通。银两和银元的铸造者，不仅有中央和地方政府，还有私人银炉；纸币的发行权，则被华资和外资银行获得，其中华资银行还分为国家银行、商业银行和地方银行。每一种货币的形式丰富，并且具有强烈的地域性，此外，外国输入的银元也在中国广泛流通。

20 世纪 20 年代以前，中国货币紊乱的特征有：

1. 本位不明，主辅币不清

中国近代货币的发行和流通自由发展。中央政府发行的货币，只是众多货币中的一种，货币发行权散落于地方和民间。货币种类繁多，银元和银两担当主要流通的货币，而纸币（银行券和兑换券）则发挥了价值尺度和流通手段的作用，铜元由于其金属的特性，则只能作为辅币使用。

2. 传统性货币与近代货币并存

货币的发展过程是由具体到抽象的，即从称量货币发展到铸币，再发展为可兑换的纸币，最后发展成独立的纸币。称量货币和铸币，都是以本身的金属属性作为商品交换的价值，但是铸币则是随着近代工业的发展而产生的，其符号性大大加强。纸币作为符号货币，依靠信用流通。所以称量货币和传统社会联系紧密，属于传统型货币，而铸币和纸币则是和近代社会联系紧密的近代货币。

近代中国的货币，既有作为称量货币的银两，也有银元和纸币（银行券和兑换券），并且银两、银元和纸币的种类以及形态众多。

3. 中央、地方政府发行的货币与非官方发行的货币并存

中国近代银两的铸造，既由中央政府和各类机关设炉铸造，也由民间设炉铸造。银元的铸造也是先由地方政府铸造，最后由中央政府统一铸造。纸币的发行除了国家和地方银行外，外国银行也享有一定的发行权。

4. 本国货币与外国货币并存

近代，随着中国口岸的开放，对外贸易的增加，外国大量银元流入中国。并且众多外商银行在中国不同地区发行货币。

5. 货币流通的区域性与区域内货币流通的多样性并存

近代，中国的货币发行权不统一，导致不同的币种流通于不同的地区，甚至一个地区充斥着不同种类的货币，并且区域间货币不相流通，货币的流通呈现明显的区域性。

中国货币制度的紊乱，大大阻碍了中国经济的发展。繁琐、复杂的货币兑换，对于商品经济的发展起了很大的遏制作用，银两、银元和铜元的并用，加上各类货币的成色和平砝标准各异，完成交易必须通过复杂的兑换。这样就大大增加了交易成本，减缓了商品流通速度。货币发行权的不统一，也严重影响了中国金融和经济体系的安全。各类货币的滥发，加大了通货膨胀的风险，助长了投机风气，并且增加了政府对于货币管理的难度，极易爆发货币危机。

第二节　中国金融危机爆发前的中国经济

1929—1933 年，资本主义国家发生了非常严重的经济危机，陷入了资本主义经济世界资本主义经济危机时期。在此情况下，一些主要的资本主义国家为了转嫁经济危机，纷纷放弃金本位制，实行通货贬值。《银行周报》记载，英国首先于 1931 年 9 月放弃金本位制，把英镑贬值百分之三十，借此阻止资金外流并刺激商品的输出；接着日本也于同年 12 月宣布取消金本位制。到了 1933 年春季，美国爆发了新的货币危机，引起大批银行的破产和所有银行的暂时停业，并于 4 月 19 日也放弃金本位制，到 1931 年 12 月，美元汇价已经比原来的黄金平价降低了 36%[①]。这时世界资本主义国家已经有 35 种货币先后进行贬值，而且多数比 1929 年的黄金平价贬值 40%～60%[②]，这就意味着这些国家都已经筑起货币壁垒，防止外国货物的倾销和企图打开本国产品的出路。在这样的情况下，资本主义国家将生产品的倾销矛头集中指向殖民地和半殖民地，而中国则首当其冲。

中国因其特殊地位的关系，恐慌较各国更甚：第一，中国经济依附于帝国主义，而被帝国主义剥削的半殖民地经济，国际帝国主义者把其过剩的商品向中国的乡村僻壤倾销，而吮吸其膏血。于是中国的工商业被帝国主义的商品所打倒，中国的农村经济亦日趋衰落；第二，中国历年的天灾人祸、外辱内争、政局不安、社会骚动，都导致了中国农业、工商业的衰落。

---

① 林与权，陶湘，李春. 资本主义国家的货币流通与信用 [M]. 北京：中国人民大学，1953.

② 林与权，陶湘，李春. 资本主义国家的货币流通与信用 [M]. 北京：中国人民大学，1953.

一、中国农村经济凋敝

1935 年之前，白银在中国是通货，在国外则是商品。当资本主义国家物价由于经济危机的尖锐化不断下降时，银价也随之下跌，但在中国，银价的下跌意味着物价的升高。1948 年，盛灼三在《民国经济史》以及《民元以来上海之物价指数》中指出，银价下跌，中国货币购买力降低，而物价则相对上升，中国进口成本上升，但外国则可用相同的货币购买更多的中国的货物。1930 年，上海物价指数平均为 104.8（以 1926 年为 100），随着银价的下跌，1931 年全年平均物价指数则上升至 126.7。按照正常情况，对于年年入超的中国来讲，银价下跌有利于对外贸易，可以扩大出口并减少进口，《中国银行民国二十年度（1931）营业报告》指出，中国 1931 年入超反而较 1930 年增加了 30%，达到了 8 亿 1 千多万元。由此可知，西方资本主义国家向中国低价倾销过剩产品，其产品价格下降的程度远大于银价跌落的程度。特别是农产品如棉花、小麦、大米、烟叶等进口价格甚至低于土产价格，根据《中国银行民国二十年度（1931）营业报告》，1931 年，单单以上 4 种农产品的输入，即达到 37 268 万两，比上年增加 6 300 多万两。根据《中国银行民国二十一年度（1932）营业报告》，1932 年，中国银价继续下跌，纽约银价每盎司由上一年的 28.701 美分下跌至 27.892 美分，同年 12 月 29 日，创下自有白银市价以来的最低记录——24.28 美分。但是由于美国等资本主义国家向中国跌价倾销的幅度大于银价的跌幅，而国民政府对进口加以放任，所以，1932 年的入超数字创造了 86 700 万元的新纪录。

内地农产品价格下跌速，农民需用品价格下跌缓慢（见表 2-1）。由表 2-2 可知，中国产品的购买力两年间跌落 13%，农产品对农民需用品的购买力则跌落 27%。由表 2-3 可知，因粮食价格迅速下跌，中国粮食收获数量呈现递减趋势；又由表 2-4 可知，中国农产品入超额逐年增加，中国农业生产出现危机。

表 2-1　　　　1931—1933 年江苏省武进县农产品购买力指数表

年份（年）	农产品卖出的价格指数	农用品买进的价格指数	农产品的购买力指数
1931	173	181	96
1932	162	183	88
1933	121	173	70

注：以 1910—1914 年的平均价格为基数。

资料来源：顾季高. 中国当前之货币改革问题 [J]. 东方杂志，1934（31），8.

表 2-2   1931—1933 年中国产品对外购买力指数与武进县农产品购买力指数

年份（年）	中国产品对外购买力指数	江苏省武进县农产品购买力指数
1931	100	100
1932	90	92
1933	87	73

资料来源：顾季高. 中国当前之货币改革问题［J］. 东方杂志，1934（31），8.

表 2-3   1931—1933 年全国粮食产量与上海粮食价格指数表

单位：万担（每担 100 斤）

年份（年）	稻生产量	折合米生产量（按 1/2 计）	进口米量对米生产量百分比	小麦生产量	进口小麦对小麦生产量之百分比	稻麦杂粮等总生产量	总生产量指数	上海粮食价格指数（1931 年为基年）
1931	82 693	41 346	2.6%	41 157	5.5%	155 845	100	100
1932	94 743	47 371	4.7%	41 054	3.7%	196 796	126	87
1933	86 032	43 016	5.0%	40 236	4.4%	158 633	102	74

资料来源：顾季高. 中国当前之货币改革问题［J］. 东方杂志，1934（31），8.

表 2-4   1931—1933 年中国主要进口农产品数量及价值表

品名	1931 年		1932 年		1933 年	
	数量（千担）	价值（千元）	数量（千担）	价值（千元）	数量（千担）	价值（千元）
米谷	10 741	98 884	22 487	185 758	21 419	150 107
小麦	22 773	134 618	15 085	80 752	17 716	87 871
麦粉	4 889	43 950	6 637	54 616	3 236	27 755
小计	38 403	277 452	44 209	320 126	42 371	265 733
棉花	4 653	275 080	3 713	185 179	1 994	98 161
糖		134 161		72 810		42 026
蒸叶	1 242	74 725	588	36 801	403	26 156
总计		761 418		615 916		432 076
各年入超额		816 413		867 191		733 739
进口农产价值占入超的%		93%		71%		59%
进口农产价值占进口总价值的%		34%		38%		32%

注：①每担重 100 斤；②1931 年和 1932 年东北各关数字均未除外；③1933 年进口糖价值减少过大，疑是关税率提高后偷税漏税额增加所致。

资料来源：顾季高. 中国当前之货币改革问题［J］. 东方杂志，1934（31），8.

中国农村在世界经济恐慌的打击、国内军阀战争水灾、旱灾的袭击下，早已进入了慢性的农业恐慌阶段，但是 1931 年的水灾、旱灾几乎把中国农村的经济基础完全破坏了，因此农村经济开始急速崩溃。自 1931 年以来，中国农村每年都受巨大灾荒的影响，农民失业普遍化，田地的荒芜与被掠夺，关卡及苛捐杂税的剥削，使农民的生产力异常退化，农民过着极悲惨的生活：许多灾区农民不得救济而饿死，吃"观音土"、吃树叶草根是极普遍的现象，在安徽北乡，甚至有人杀子而食，悬梁自尽的也比比皆是，有的灾民到处流亡，有的进都市当乞丐，有的铤而走险加入匪军。据《上海日报》估计，最近五六年来（即 1931 年以后五六年），中国农村的灾民，达 4 亿人以上，这么庞大的人口流亡，正表明中国农村破产到了非常严重的程度。

据赈务委员会报告，1934 年，中国农村受灾的省份有湖北、湖南、河南、河北、山西、陕西、四川、安徽、江西、绥远、福建、广东、察哈尔等省，总计受灾县数，达 266 个之多，受灾田亩达 33 406 千亩（原有田亩为 672 065 千亩，1 亩 ≈ 666. 67 平方米）。至于稻、高粱、玉米、小米、棉花、大豆的损失总值，达 1 357 249 000 元。最近几年来，中国农村田亩，无年不减少，农产物的收获量也无年不低落，农民的流离与死亡亦无年不增加。

然而中国农民大批流亡，且丧失耕地及生产工具，却成为了外货大量向华倾销的绝好机会。中国农村在水灾旱灾与人祸的打击之下，在帝国主义的商品侵略之下，在种种封建的盘剥之下，已贫困到了极致。

由于农村经济的不景气，一旦农民放弃农业生产，并转移至城市寻找工作，随之而来的农业生产力的降低将威胁到城市的食品供给，还会削弱政府的税收基础。如果农民的购买力下降，工业企业将面临国内市场的萎缩，最终会损害城市的工业。也因为农业生产力下滑，政府将被迫提高税率以弥补缩小的税收额。这一沉重的负担将进一步破坏农业生产，形成恶性循环。农村的萧条就会轻而易举地影响到整个经济体系。①

由于农产品价格的惨跌和工农产品剪刀差的不断扩大，农村经济已经濒临崩溃的边缘，而广大人民的购买力普遍低落，反过来又使城市工商业趋于萧条。1931 年，上海市场已经开始不景气，根据《中国银行民国二十一年度（1932）营业报告》得知，1932 年各行业营业额较上年又减少 1/3，1933 年较 1932 年下降 15%。工业品滞销，存货堆积如山，价格也不断下跌。民族工业也自 1933 年起进入艰苦挣扎的时期。

---

① 张嘉璈. 中国经济目前之病态及今后之治疗 [J]. 中行月刊, 1932 (5), 3: 1-5.

20 世纪 30 年代，农村经济破产的最主要特征是资金流向大城市，造成农村资金匮乏。而造成农村资金流向大城市的主要原因是城市和农村的贸易失衡。中国近代经济发展缓慢，城市现代化进程较快，农村和城市间的贸易一般是农村出售原料、农产品或手工业品来交换城市的工业产品。而城市的工业产品物美价廉，逐渐取代了农村的手工业品，于是洋货在农村中的使用越来越多，农村家中的用品以棉布、棉纱和煤油为主。在物美价廉的工业产品的倾销之下，农民竞相购买，增加了额外的支出，因为外货的冲击导致农村的手工业无法维持，于是农村的支出增加，收入也减少，对城市贸易的超级入超导致资金流向城市。

在农村对城市工业产品大量需求的情况下，要维持农村经济的平衡，农村需向城市输出等值的原料或农产品。但是，农村对于城市输出的产值无法平衡城市对农村的输出。一方面，是由于经济的相对落后，现代化的金融机构未在农村出现或立足，调节农村金融的主导者仍为传统的城市商人。另一方面，由于苛捐杂税的索取无度，使得农民收货之后急于将农作物脱手变现，造成了供过于求。因此，农村所生产的原料和农产品的价格被城市商人所操纵，价格被压得很低，导致农村生产所得不能和输入的工业产品达成平衡。

城市商人因其在农村经济的支配地位，从农民手中获得丰厚利润，但是并未将其所得回馈农村或对农村进行投资，而是直接将资金运往城市。由于战争和天灾等原因，农村生产力遭到严重破坏。而一般在农村的较富裕的人家，为逃避战争或躲避灾荒，多移居城市，其家产等一并移入城市。除了商人吸取农村资金移入城市外，还有各色人群同样将农村资金移向城市。如农村的知识分子到城市求学，携带农村资金到城市消费。还有贪官污吏、军阀、土豪劣绅、土匪等在农村巧取豪夺，将所获得的农村资金携至上海等大城市进行奢侈性的消费。另外，失意军阀携款潜逃，也使得游资集中于上海。于是农村资金向城镇转移，再由城镇向城市转移，最终由城市向大都市转移。

在国内工农产品价格剪刀差不断扩大的情况下，农村对比城市，常常处于入超地位。所以现银就由农村不断流入中小城市，再由中小城市流入大城市，造成农村金融枯竭、城市游资拥塞。作为全国金融中心的上海，游资的拥塞也最为突出。

内地农村破产，灾害频发，一般有资产的人们，都相继地把现金移到上海，以期托庇于外人的保护，通常，仅仅影响于整个农村经济的发展、每年入超差额应弥补的现款，尚不致流出很多。至于在中国的有资产的外国人，诈取中国人民的金钱，在上海或其他地方置产业，经营工商业，可是当世界经济形势改变，那就不同了，外人可立即把上海的现银吸收起来，运送至香港或直接运至国外，以谋巨利。

二、中国工商业衰落

中国的工业，处于严重的恐慌之中，很少有局部的繁荣，就全体看来，仍是恐慌深刻化的继续。据一般的估计，1934年，上海各部门工业的开工率，都非常低下，纺织业仅有百分之七十五；制帽、水泥、针织业只有百分之七十；制糖、染织业只有百分之六十；油漆、印刷、电器器具业有百分之五十五；搪瓷、铁器、火柴、热水瓶、玻璃业有百分之五十；毛织物、制油业有百分之五十四；陶瓷业有百分之四十；橡胶业、造船业有百分之三十五；铁工业有百分之二十五；生丝业有百分之二十。

中国工业逐年衰落，是由于农村的破产所引起的一般购买力的异常减退，但外货的倾销与在华外厂的压迫，也是很重要的原因。关于外厂对中国工业的压迫，试引下语，即"原来，日本在取消金本位之前，日金一元，合中国银币二元五角，其时日纱厂每一万纱锭，平均用人工二百十九人，每一工人每日平均工资为日金一元二角，合中国银币三元，每万锭工资为日金二百六十二元八角，合中国银币为六百五十七元。现在日金因取消金本位之故，已大跌特跌，照二月二十六日日中汇兑市价，中国银币一百元可掉日金一百三十一元，每一日金合中国银币七角六分三厘四，而日本纱厂每一万纱锭，平均用工人已减少至一百六十四人，每一工人每日平均工资已减至日金一百二十九元五角六，合中国银币只有九十八元九角一分。比较往前日本金本位未取消时，每万锭工资合中国银币六百五十七元，计减少五百五十八元零九分。日本共有纱锭八百万枚，每日可节省四十四万六千四百七十二元，全年以三百天计算，可节省一万三千九百四十一万六千元，照日本全年棉纱生产额约为二百六十万包计算，则平均每包可减轻成本五十一元以上"（《申报月刊》四卷三号第十页）。帝国主义携其新式机器，残酷地剥削工人，使其生产成本降低，以极廉价的商品来剥削中国大众。中国工业外在的侵略与内在的市场狭隘化的夹攻之中，其衰落之速与日俱进，尤其近年来，全国各地工厂的停工、减工及倒闭者层出不穷，尤见其前途之黯淡。

《中国经济年报》指出，"从1934年正月以后，上海全埠倒闭的商店多至300余家，单是法租界大马路停业商店即达17家之多，南京路上有被封资格的商店，竟达半数以上，这是1934年春季的情形。到了下半年，商店的倒闭，更是惊人，在秋季结账的时候，就有10余家典当铺倒闭。至1934年结账的时候，差不多每天都有商店倒闭的消息。据各同业统计，在靠近年关的 1 个月中，上海大小公司、商店、工厂等，因周转不灵而倒闭者，除一部分未报告外，英、法租界界共达 200 家左右。若再加上南市闸北等处，即在大上海市以内，倒闭的商店至少已达 300 余家。上海市商会在啼笑皆非之下，曾一度分呈各机关，要求工商业大结账延期一年，以图维持其苟延残喘的现状。这正是商业极度衰落中的呼声"。

像这样的情形，并不仅限于上海。全国巨大商埠，如天津、青岛、汉口、南京、广东、芜湖等地倒闭的商店，随处皆是。因此，商业的凋零，在中国经济崩溃的进程中，扮演着一个重要的角色。

另外，中国财政因剿匪军费及公路建设的庞大支出、海关及田赋收入的减少，国库非常空虚。据民国二十一年及民国二十二年两会计年度财政报告书所载，民国二十一年的海关收入以进口税为大宗，可是，民国二十二年进口税为 265 610 000 元，民国二十三年则减为 160 215 000 元。而财政的支出，却逐年增加，其中军费占全支出半数以上，即民国二十一年为 320 672 166.88 元，民国二十二年则增至 372 895 202 052 元。因此，收支相抵，每月不足 1 780 万元。

三、中国对外贸易的入超

由表 2-5 可知，1890—1935 年，中国有 19 年的白银净出口记录（1890—1982 年、1901—1908 年、1914—1917 年、1932—1935 年）和 27 年的净进口记录（1893—1900 年、1909—1913 年、1918—1931 年）。

由表 2-6 可知，1890 年至 1935 年，中国对外贸易年年入超，而且大体呈递增趋势，尤其 1930—1933 年这四年，入超已经超过了 4 亿海关两。

表 2-5　　　　　　　1890—1935 年经海关进出口的金银净值

单位：千海关两

年份（年）	黄金进出口净额（出超）	白银进出口净额（出超）
1890	−1 783	−3 558
1891	−3 693	−3 132
1892	−7 332	−4 825
1893	−7 459	10 804
1894	−12 774	26 387

表2-5(续)

年份（年）	黄金进出口净额（出超）	白银进出口净额（出超）
1895	-6 624	36 685
1896	-8 114	1 720
1897	-8 512	1 642
1898	-7 704	4 722
1899	-7 640	1 271
1900	1 020	15 442
1901	-6 635	-6 098
1902	-9 410	-13 845
1903	平	-6 045
1904	8 446	-13 610
1905	7 059	-7 196
1906	3 840	-18 678
1907	2 450	-31 208
1908	-11 518	-12 267
1909	-6 821	6 841
1910	-977	21 795
1911	1 522	38 306
1912	7 458	19 249
1913	-1 386	35 968
1914	-13 001	-13 623
1915	-17 392	-18 382
1916	11 801	-28 678
1917	8 847	-20 988
1918	-1 053	23 495
1919	41 182	53 125
1920	-17 502	92 639
1921	-16 461	32 431

表2-5(续)

年份（年）	黄金进出口净额（出超）	白银进出口净额（出超）
1922	4 123	39 573
1923	−5 667	67 196
1924	−9 735	26 002
1925	−1 038	62 524
1926	−7 598	53 204
1927	−1 299	65 084
1928	6 059	106 395
1929	−1 971	105 826
1930	−16 535	67 006
1931	−32 110	45 445
1932	−70 174	−6 672
1933	−44 523	−9 257
1934	−33 099	−164 780
1935	−24 846	−38 124

资料来源：①徐雪筠. 上海近代社会经济发展概况（1882—1931）［M］. 上海：上海社会科学出版社，1985. ②郑友揆. 中国的对外贸易和工业发展（1840—1948）［M］. 上海：上海社会科学出版社，1984.

表 2-6　　　　　　　　1890—1935 年中国对外贸易统计

单位：千海关两

年份（年）	出口净值	进口净值	总值	贸易平衡
1890	87 144	127 093	214 237	−39 949
1891	100 948	134 004	234 952	−33 056
1892	102 584	135 101	237 685	−32 517
1893	116 632	151 363	267 995	−34 731
1894	128 105	162 103	290 208	−33 998
1895	143 293	171 697	314 990	−28 404
1896	131 081	202 590	333 671	−71 509
1897	163 501	202 829	366 330	−39 328
1898	159 037	209 579	368 616	−50 542

表2-6（续）

年份（年）	出口净值	进口净值	总值	贸易平衡
1899	195 785	264 748	460 533	-68 963
1900	158 997	211 070	370 067	-52 073
1901	169 657	268 303	437 960	-98 646
1902	214 182	315 364	529 546	-101 182
1903	214 352	326 739	541 091	-112 387
1904	239 487	344 061	583 548	-104 574
1905	227 888	477 101	679 989	-219 213
1906	236 457	410 270	646 727	-173 813
1907	264 381	416 401	680 782	-152 020
1908	276 660	394 505	671 165	-117 845
1909	338 993	418 158	757 151	-79 165
1910	380 833	462 965	843 789	-82 132
1911	377 338	471 504	848 842	-94 166
1912	370 520	473 097	843 617	-102 577
1913	403 306	570 163	973 469	-166 857
1914	356 227	569 241	925 468	-213 014
1915	418 861	454 476	873 337	-35 615
1916	481 797	516 407	998 204	-34 610
1917	462 932	549 519	1 012 451	-86 587
1918	485 883	554 893	1 040 776	-69 010
1919	630 809	646 998	1 277 807	-16 189
1920	541 631	762 250	1 303 881	-220 619
1921	601 256	906 122	1 507 378	-304 866
1922	654 892	945 050	1 599 942	-290 158
1923	752 917	923 403	1 676 320	-170 486
1924	771 784	1 018 211	1 789 995	-246 427
1925	776 353	947 865	1 724 218	-171 512
1926	864 295	1 124 221	1 988 516	-259 516
1927	918 620	1 012 932	1 931 552	-94 312
1928	991 355	1 195 969	2 187 324	-204 614
1929	1 015 687	1 265 779	2 281 466	-250 092

表2-6(续)

年份（年）	出口净值	进口净值	总值	贸易平衡
1930	894 844	1 309 756	2 204 600	-414 912
1931	909 476	1 433 489	2 342 965	-524 013
1932	492 641	1 049 247	1 541 888	-556 606
1933	392 701	863 650	1 256 351	-470 949
1934	343 527	660 889	1 004 416	-317 362
1935	369 582	589 994	959 576	-220 412

资料来源：郑友揆. 中国的对外贸易和工业发展（1840—1948）[M]. 上海：上海社会科学出版社，1984：334-337.

而国际金融货币理论则认为，当一国的对外贸易长时期出现逆差时，该国必须运现（金银）抵补。但是近代中国的商品贸易和白银贸易经常出现同时入超的情况，是令人不解的，因为一个国家输出黄金或者白银通常是为了支付过量的进口。中国输出的黄金无论是数量还是价值都微不足道，无法解释这种贸易的不平衡现象。

自鸦片战争后，中国则成为资本主义国家工业品市场和原料的来源地。中国的对外贸易主要是出口国内廉价农业品和进口国外高附加值的工业产品，中国农业在贸易中处于不利地位。此外，对于外国工业产品的大量进口，也不利于中国工业的发展。并且中国工业结构布局不合理，大部分工业企业集中在沿海大都市，内地工业企业稀缺，只能靠进口工业产品抵补，这也是导致中国内地贸易入超的原因之一。

在"世界资本主义经济危机"期间，西方资本主义国家生产过剩、经济萧条、消费衰退，导致大量工农业商品向中国倾销，而中国之前对外出口的农业产品滞销，加之生活必需品的消费刚性，导致内地资金大量外流，引起内地尤其是农村的危机。工商企业也因资本主义国家的商品倾销所衰退，更有大量工厂企业停业，这极不利于中国的经济发展。而沿海大都市则因其特殊的地理位置，在对外贸易中，大量资金流入，从而导致游资充斥，容易造成金融投机行为，从而引发金融危机。

第三节　畸形发展的中国金融业

中国金融界，是一个比任何国家的情形都要复杂的组织。形成中国金融市场的，有三个矛盾的集团，即外商银行、华商银行、旧式钱庄。外商银行完全是侵略性质，它对于中国的一切投资、借款、发行钞票，无一不使中国经济愈趋于贫困，使中华民族愈趋于殖民地化。所以外商银行在中国经济财政金融上的笼罩，正说明中国经济受制于帝国主义的标志。钱庄是中国的封建金融势力，它有悠久的历史，在社会上有根深蒂固的基础。它一方面和外商银行、买办勾结，融通资金，为外商银行推销资本和洋货；另一方面和国内官僚地主勾结，吸收存款，推广营业，从而发展中国民族金融资本，争取中国经济的独立，此外，对外反对外商银行的支配，对内反对封建金融势力，也是极重大的任务。因为在华外国金融资本和钱庄的存在，很大地阻碍了中国民族金融资本势力的发展。

事实上，中国对外贸易的金融几乎都被外国银行所把持，而中国的金融机关都局限于国内农业、工商业、金融业。但是中国银行及其钱庄，没有随中国农业、工商业的不景气而崩溃，反而呈现繁荣之势，其原因是中国的银行和钱庄，一部分已经与国内的工商业绝缘，而走上另外一条投机的道路。将资金投入公债、赌博、地产等行业。

一、都市金融业游资充斥

中国银行业的发达，是由于新帝国主义商品侵入农村，农村的资金流向都市，尤其是集中于上海。上海是列强对华侵略的中心，因而也是资金集中城市的总汇。但是这集中于上海的资金，因为支付贸易上的平衡，有逐渐流向国外的倾向。由此看来，中国银行业的发达，不过是在国际帝国主义者剥削中国半殖民地经济的过程中，拾得一点余唾而已。

1931—1932 年，国外白银输入中国，采取倾销的方式。因中国当时维持银本位，白银这种商品在世界市场上滞销，则输入中国能带来一定的利润。如作为普通商品的白银被西方国家堆积在伦敦和纽约，不但一时找不到出路，还要支出一笔很大的栈租和保险费。而运到中国来，栈租和保险费是不用支付的，因为白银能很快铸成银币，从而获得厚利。因此，世界白银拼命往中国倾销，价格也就急速跌落。美国的批发物价从 1931 年到 1932 年，比 1929 年跌落了 26%，而白银价格竟跌落了 40%，则可以证明当时白银倾销的程度。

白银的倾销在中国造成的是一种虚假的繁荣，而这种繁荣则是未来金融危机的开端。在这种"繁荣"中，中国一般劳动大众仍然过着较之前更苦的生活。现银的集中都使上海和别的都市的地价飞跃上升，而房租也很快涨起来，同时一般商品的零售价格也都提高了。而白银的集中都造成日后大批流出的依据，因此也是后来金融危机的先导。

《中国银行民国二十一年度（1932）营业报告》指出，上海中外银行的库存总额在逐年增长之中，不过自 1932 年起，其速率就更加显著，1932 年年底比 1931 年年底增加 17 000 余万元，其库存总额为 438 339 千元；1933 年年底又比 1932 年年底增加 10 900 余万元，其库存总额为 547 446 千元。据中国银行估计，1932 年从内地流入上海的现银，平均每月为 600 万元。《中国银行民国二十一年度（1932）营业报告》指出，以前每年四月丝茶上市，内地现银所需现银巨大，大部分由上海流出，但是 1932 年 4 月从内地流入上海的现银反而达到 2 200 万元。《上海商业储蓄银行民国二十二年度（1933）营业报告》指出，1933 年，内地现银继续流入上海，据上海银行调查，这年"自华北各地流入合计两千四百万元，自华中长江流域流入约伍仟万元，自华南流入约六佰万元"。因此，这一时期上海的银行和钱庄的存款都激增。一家普通汇划钱庄存款平均有四五百万两，较大的钱庄存款达五六百万两①。

表 2-7   1932—1934 年私营银行存款统计

存款（千克）\ 银行\ 年份(年)	商业银行	农工银行	华侨银行	专业银行	储蓄银行	合计	指数
1932	716 935	136 604	79 358	121 043	18 511	1 072 451	100
1933	848 357	177 438	129 551	141 960	31 735	1 329 041	123. 93
1934	1 006 454	212 825	145 717	172 834	41 389	1 579 219	147. 25

从表 2-7 看出，三年内银行存款增加了 47%，即 5 亿元。上述数字包括各银行总行和分行在内，其营业重心都在上海。在这三年中，市场利率最低时不到年息一厘，从这可以看出当时游资泛滥的程度。②

---

① 中国人民银行上海市分行. 上海钱庄史料 [M]. 上海：上海人民出版社，1960：253.
② 中国人民银行上海市分行. 上海钱庄史料 [M]. 上海：上海人民出版社，1960：634-641.

表 2-8　　　　　　　　　1934 年上海中外银行现银存底数目表

单位：千元

月别	华商银行		外商银行		总计	
	库存额	百分比（%）	库存额	百分比（%）	库存额	百分比（%）
1 月	284 557	50. 81	275 520	49. 19	560 077	100. 00
2 月	285 487	51. 55	268 296	48. 45	553 783	100. 00
3 月	337 439	57. 24	252 028	42. 76	589 467	100. 00
4 月	344 226	57. 95	249 797	42. 05	594 023	100. 00
5 月	336 884	56. 71	257 172	43. 29	534 056	100. 00
6 月	337 632	57. 92	245 266	42. 08	582 898	100. 00
7 月	330 598	58. 74	232 205	41. 26	562 803	100. 00
8 月	309 552	62. 84	183 067	37. 16	492 619	100. 00
9 月	309 972	68. 69	141 322	31. 31	451 294	100. 00
10 月	309 395	75. 30	101 496	24. 70	410 891	100. 00
11 月	299 926	82. 71	62 713	17. 29	362 639	100. 00
12 月	280 325	83. 68	54 672	16. 32	334 997	100. 00

　　由表 2-8 可知，1934 年前 5 月，上海中外银行库存额相继扩大，6 月以后，特别是 8 月以后，因美国实行白银政策，导致世界银价飞涨，上海中外银行的库存（尤其是外商银行）通过支付手段以商品形态流向海外。仅就数字本身而言，游资集中上海的现象自 6 月以后好像就消失了，但是实际上，中外银行库存的减少是由于白银的外流，而且外流的速度超过集中的速度。譬如 1934 年前 5 个月中，白银仍出超 1 582 801 元，单因现银集中速度过快，中外银行库存仍有增加之势。而 6 月至 10 月这 5 个月中，白银出超额达 235 056 千元，而库存总额减少 183 165 千元，这就是因为这 5 个月内至少有 5 000 余万元从乡村集中到上海，只是集中的数量不及外流的数量而已。

　　内地农村的资金，在天灾人祸与帝国主义及封建势力的重重压迫之下而流向都市，于是农村枯竭，农民购买力减退，工商业也因此日渐衰落。如表 2-9 所示 。表中除火柴、油漆及热水瓶三业稍有增加外，其余各业都普遍没落，银行对此不敢放款投资，银行的游资没有出路，银行的拆息便逐年降低。如表 2-10 所示。

表 2-9 民国各行业营业额表（1930年各行业营业额消长指数为 100)

行业 \ 指数 \ 年份（年）	1931 年	1932 年	1933 年
棉纺业	78	52	35
染织业	125	110	80
丝织业	160	110	90
面粉业	120	85	50
火柴业	120	135	140
搪瓷业	158	126	95
化妆品	120	75	85
调味粉	112	135	100
棉织业	128	110	110
毛织业	89	65	85
针织业	100	70	50
卷烟业	115	105	80
橡胶业	200	135	80
油漆业	128	137	185
机器业	125	81	73
热水瓶业	100	120	150

资料来源：尤保耕. 中国金融之危机及其救济方案［J］. 新中华，1934.

表 2-10 　　　　　　上海 1926—1933 年银行拆息表

年代（年）	拆息全年平均数
1926	0. 15
1927	0. 08
1928	0. 13
1929	0. 13
1930	0. 07
1931	0. 13
1932	0. 10
1933	0. 06

资料来源：尤保耕. 中国金融之危机及其救济方案［J］. 新中华，1934.

二、都市金融业投机盛行

银行业虽不得志于农工商业，但一方面游资充斥，银行吸收存款力扩大，一方面信用降减，银行放款力缩小，以致产业界常苦于资金周转困难，金融业深感资金投放无门。1934年6月9日，上海各报登载银行界领袖林康侯氏的谈话，他说："本人对于银行界投资内地农村，企图恢复农村经济，非常赞成；但目前银行界在内地之投资，仅数百万元，此数殊嫌太小。"对于民族工业方面，银行界虽然也有一定程度的放款，但是比起政治借款或是公债购买来说，是微不足道的。而且贷款的动因并不是为了如何振兴中国的产业，而是因为民族工业濒于破产之境，假使不给予最后的资助，原来的旧欠款就要完全变为倒账。1934年下半年，不少银行对申新纱厂的贷款就是这样发放的。但是申新依然窘迫，依然需要多方面地向日美银团接洽千万元的借款，以图厂务之复兴。由此可看出，中国金融业对于农工商业的投资是极为有限的。

在工商业萧条的情况下，标金、国民政府的公债、上海租界的房地产以及外国金融机构的债券和股票就成为游资的主要投资对象。

标金，是标准金条的简称。中国是世界上有名的入超大国，对于外汇的需求必然旺盛。同时，中国又是银本位国家，在货币制度上与英美日等国家是截然不同的两个体系，标金市场成为外汇市场不可或缺的调节机关。在对外贸易中，输出物品所收到的货款为金币，输入商品也须以金币支付，因此常发生金银折算兑换的情况。由于金银比价涨落不定，致使经营国际贸易的商人须担负外汇行市的风险。为降低风险，产生标金，由商人购储，作为国际结算中的支付手段。[①] 比如，一家银行卖出外汇过多的时候，想要避免将来银价跌落，就需在卖出外汇的同时买进同期的标金，因标金和外汇同是金质的，市价不会相差很远。但是，标金市价也会和其他物价一样波动，加之"一二八事变"之后，上海标金市场的结价标准由日汇改为美汇，而美汇自美国放弃金本位之后，其市价涨落则一日数变，相差甚大。由于金银比价变动频繁，国外汇率市场变动亦随时影响标金涨跌，而标金交易中的期货交易，在未到期以前，买者可以转卖，卖者也可以买回，在一买一卖之间多属买空、卖空，并不做实际交割，仅为差额金的收付，给了投机者可乘之机。由于世界货币战争激烈，世界金价时而激涨，时而激落，瞬息之间，利损悬殊。因此，一般拥有大量资金的金融业者，遂利用此变幻无常的机会，从事投机活动。投机者甚至可以大笔资

---

① 洪葭管，张继凤. 近代上海金融市场 [M]. 上海：上海人民出版社，1989.

金介入，控制标金价格而不受银价及外汇的支配。① 看准时机大捞一笔者固有其人，因而损兵折将、倾家荡产者也不乏其人。② 上海标金市场的涨跌不定与投机性，以 1935 年最为典型。该年为标金市价变化最剧烈的一年，每条金价最高达 1 087 元，最低只有 665.5 元，相差 420.5 元。

公债是国民政府进行内战而筹措军费的主要工具。从 1927 年到 1934 年，由财政部发行的内债共有 32 种，票面金额达到 13.06 亿元。这些公债的利率很高，加上结算折扣，平均利息在一分五厘以上，这对于拥塞上海的游资具有很大的吸引力。据中国银行估计，1934 年前后，全中国的银行有价证券约在 5 亿元上下，其中大部分为国民政府发行的各种公债，发行总额在 20 亿元以上，其中四分之一为银行保持，另有四分之一由发行或者领用钞券的银行和钱庄作为发行的准备金。剩下的 10 亿元以上的有价证券则充斥于金融市场，占发行总额的一半。③

一个国家的收入完全依赖于租税和国有事业，但两者的收入仍不敷开支，只有借债度日。中国财政向来是入不敷出的，从前，北京政府都向国外举债，国内公债仅占一小部分；自从民国政府成立，以不借外债为口号，但连年军政费的支出浩大，不得不走向借债之路。

如表 2-11 所示，从 1927 年至 1932 年年底发行内债的数量可以看出，政府的公债与银行结下了不解之缘。但是"一二八事变"则惊醒了上海证券市场的繁华梦，公债还本期限延长，利率也降低了，从前有年息 8 厘、月息 7 厘或 8 厘的，现在都改为年息 6 厘或月息 5 厘。

表 2-11　　　　国内发行内债表（1927 年至 1932 年年底）

名称	发行总数（元）	已偿还数
续发江海关二五库券	40 000 000	29 400 000
军需公债	10 000 000	3 232 000
善后短期公债	40 000 000	30 800 000
十七年金融短期公债	30 000 000	12 300 000
十七年金融长期公债	45 000 000	
十八年赈灾公债	10 000 000	3 400 000

① 杨荫溥. 中国金融论 [M]. 上海：上海商务印书馆，1930.
② 施正康. 上海标金与房地产风潮 [J]. 档案与历史，1985，1：84.
③ 中国银行. 民国二十六年（1937）全国银行年鉴 [M]. 上海：汉文正楷印书局，1937.

表2-11（续）

名称	发行总数（元）	已偿还数
十八年裁兵公债	50 000 000	16 500 000
十八年关税库券	40 000 000	21 438 494.18
十八年编遣库券	70 000 000	23 380 000
十九年关税公债	20 000 000	4 790 000
十九年卷烟库券	24 000 000	14 663 000
十九年关税短期库券	80 000 000	23 360 000
十九年善后库券	50 000 000	11 440 000
二十年卷烟库券	60 000 000	10 764 000
二十年关税库券	80 000 000	11 520 000
二十年统税库券	80 000 000	9 920 000
二十年盐税库券	80 000 000	8 320 000
二十年赈灾公债	30 000 000	2 100 000
二十年金融公债	80 000 000	640 000
江浙丝业公债	6 000 000	300 000
海河公债	4 000 000	1 400 000
共计	929 000 000	239 667 494.18

资料来源：尤保耕. 中国金融之危机及其救济方案 [J]. 新中华，1934.

1933 年春，日本占据热河，北平政务委员会因为军费支出紧张，遂呈准国民政府发行国库券 2 000 万元，月息 5 厘，分 45 个月偿还本息，基金由财政部在卷烟通水的收入项目下拨出。后来，华北军事暂停，又发行关税库券 1 亿元，以偿还抗日军时期内各银行的垫款。继关税库券之后，又有华北救济战区短期公债的发行，定额 400 万元，年息 6 厘。1934 年 1 月，又发行广水库券 1 亿元；同年 2 月，又以意庚款为担保，成立 4 800 万元的借款。综上所述，可见政府是在借债度日。银行资本正苦于过剩，投资于工商业风险太大，投资于公债，比较有保障，拆息也比较优厚。银行则在公债的麻醉剂下，而呈畸形的发达了。但是政府历年所举公债，都是用来支出军政费用，从未拿来作生产之用，故其背后毫无保障，虽有抵押品，但是靠借债、还债，漏洞越来越大，抵押品最终将无法保障，后来则会陷入破产的深渊。

上海的银行大量购置公债，原因有二：第一，一般债券在发行或者抵借的时候，往往按六七折计算，而还本付息则照票面十足计算，所以尽管发行条例上所规定的利率是 6 厘或 8 厘，实际所摊得却往往在二三分以上，这就使以利润为经营主导的银行家心动了。第二，一般发行银行按发行条例须做足准备，其中十分之四五可以债券充当，这样债券就随着发行额的膨胀而大量存在于发行银行的准备库里了。1934 年 7 月，立法院颁布《储蓄银行法》，其中第 9 条规定储蓄银行或银行的办理储蓄者，应提储金总额的四分之一，按照市价折实数目，购置政府债券，交与中央银行保管，以为储户保证。此类法令的推行自然促使银行与公债更为亲近。

1934 年，政府发行了新的公债，如年初的关税库券 1 亿元、五六月间的铁路建设公债和玉萍铁路公债各 1 200 万元，同期的 150 万金镑的英庚款 6 厘公债、水旱灾后江浙两省的 4 000 万公债，以及后来的 1 亿元金融公债等，并且其发行方式也有重大变化。之前，政府将其债券向民间摊派，而 1934 年后，只向银行抵押现款，不流通于市面。这不但使债券市价上涨，而且使筹现也增速了不少。银行家们乐于承受，除去优厚的利润外，一部分也是因为当时的财政危机将摇撼政治的安定和银行业本身的存在。

1934 年后，债券市场的繁荣是建筑在以上人为的政治和投机心理之上的，所以只要有微微的政治变动，债券市场就会受到影响并频频下跌，甚至崩溃。

银行业除向标金、公债投资以外，还对地产投资，因农村经济衰落，农村人口都向都市逃亡，都市人口膨胀，都市地价因此飞涨，尤其是上海；上海地价的腾贵，据普益地产公司统计，自民国十五年至十九年，上海地价总额涨达 28 亿元，其中民国十九年占百分之五十以上。银行界因此大获其利。1920 年，在上海的美国花旗银行首先接受房地产押款。[1] 中国银钱业看到租界房地产有资本主义银行做后盾，认为它可以作为可靠的抵押品，从而逐步促进上海房地产的投机买卖。到 1930 年前后，随着上海游资的泛滥，在资本主义国家的操纵下，地价飞涨。据《上海地产月刊》统计，1930 年，上海租界和越界筑路区的房地产成交总额达 9 100 万元，1931 年增加了 1 倍，达到了 1 亿 8 340 万元。据《中行月刊》第 7 卷第 5 期统计，1926 至 1930 年，上海租界地价总值涨至 28 亿元，到 1933 年估计在 35 亿元以上。当时，外国在上海的一家最大的地产公司——英商业广地产公司因地产投资和投机获得了巨大的利润。这家公司从 1918 年到 1926 年，每年利润只在 140 万元以内；从 1927 年起到 1929 年，每年利润有所增加，但没有超过 232 万元；到了 1930 年和 1931 年，每年

① 中国人民银行上海市分行. 上海钱庄史料 [M]. 上海：上海人民出版社，1960.

利润达到 472 万元，创造了该公司历史上全年利润的最高纪录。①

据《申报》记载，在 1934 年 5 月，上海房产公会呈给市参议会的意见书中提到：

"上海地方，工商辐辏，人口近四百万，市区占数百方里，连同租界内地，除去公用及道路外，繁盛区域，以亩数计算，不下十万亩。每亩平均作价一万元，约值十万万元，实际决不止此数。从前建筑向无统计，据普益地产公司报告，最近八年新建筑约价五万万元；加旧时建筑，当在二十万万元左右……上海房地产主与内地完全不同，内地业主必先有余财，方能置产，贻之子孙，世守其业，且契税较重，移转较少。上海则完全营业性质，以三四成之垫本，即可购置产业，向中外行商抵押六七成之借款……今以三十万万之总数，除少数中外业主及各银行所置产业不需押款外，其余散户，至少每三分之二，平均作六成抵押，已须十二万万之银根；此十二万万之借款，无非摊在上海中外行商。"

除了上述报告外，如表 2-12 所示，各行储蓄部吸收来的存款，一般来说大概有 16% 用来购买有价证券，40% 用来经营抵押放款，而放款的内容大部分是以房地产押款、证券押款为主。由上述可见银行业对房地产押款的狂热经营。除了银行业外，钱庄业当然也不会放弃投机的机会。若干汇划钱庄如福源、敦余、福康、同润、存德、五丰等也兴建营业大厦。每家行庄投入资金少者十余万至数十万元，多者达数百万元。大小行庄都把承做上海市房地产押款当作资金运作的主要手段。当时很多投机者利用机会，纷纷组建地产公司，到行庄押款，购买地产，再去进行押款，继续购买地产进行押款，往往一百万元资本可以购入几百万元的地产。

表 2-12　上海各行储蓄部村放款业务概况表（1934 年 12 月底截止）

单位：元

行别	存款	抵押放款	有价证券
中国银行	434 740 371	197 761 117	25 364 330
上海商业储蓄银行	37 968 736	19 988 935	7 796 200
沪区交通银行	10 532 060	3 133 690	3 286 298
中南银行	16 556 787	6 877 810	4 722 992

---

① 蓝天照. 帝国主义在华投资探实 [J]. 学术月刊，1947（7）.

表2-12（续）

行别	存款	抵押放款	有价证券
浙江实业银行	12 691 462	3 097 102	3 561 701
中孚银行	2 742 593	533 353	1 369 022
中国国货银行	2 538 852	1 107 339	744 553
上海东莱银行	1 157 311	440 504	612 333
江浙商业储蓄银行	648 951	226 916	319 289
中国通商银行	8 783 020	1 913 638	2 121 962
四行储蓄会	93 798 459	28 095 102	42 524 244
大陆银行	18 175 142	5 873 861	7 816 839
合计	640 333 744	169 054 367	100 239 733

资料来源：中国经济情报社. 中国经济年报第一辑［M］. 上海：上海生活书店，1934.

除了进行地产押款外，上海许多银行纷纷扩建，兴筑大楼。上海的一些主要建筑，如四行储蓄会大楼、大陆商场、国华银行大楼、垦业银行大楼、上海银行大楼、广东银行大楼、中汇银行大楼和中国通商银行大厦均在这一时期先后落成。

金融业疯狂地对房产进行投资，是因为上海是资本主义国家侵略中国的中心市场，它总是扮演着半殖民地性质的虚假繁荣，同时又是内地军人和官僚地主的苟安之所，而这些因素都支持着上海的高额房租，使它成为过剩游资的角逐对象。《中国经济情报》指出，"一二八事变"之后，上海地产交易额由1932年的1 775万元增加到1933年的4 300万元，公共租界和法租界的建筑投资额在相同期间由3 673万元增加到4 942万元。而商业的萧条以及大众房租负担能力的日益薄弱，使得上海市的空屋率有所提高。这时可以看出，对于房地产押款的经营出现了一定风险。

房地产业的繁荣，完全是游资泛滥、信用膨胀下的一种虚假繁荣，一旦白银外流，游资消失，信用紧缩，物价下跌，房地产业就会立刻受到致命打击。到了这个时候，金融业自己的房地产投资以及占他们放款比重最大的房地产押款也就成了坏账、呆账。这就为后来发生的金融危机埋下了伏笔。

中国银行从事投机买卖，这素来被视为银行业务的重要部分。地皮投机，过去乃成为投机事业中最兴旺、最有利的对象。因当时中国农村经济崩溃，不如现今猛烈，都市经济的基础比较牢固，都市经济日臻繁荣，因而都市人口集中、工商百业兴盛、房屋增修、地价激涨，今日购进地皮，明日则获利10倍，所以都市地皮，遂成为聚集大量资金而无从消化的银行的最适当的投资对象。近年以来，受农村经济凋敝的影响，都市经济也相继不振，工商各业皆极衰颓，商店工厂倒闭，空房增多，地价遂落；以前拥有商价地皮的人，至今皆受损不小。

标金的危险，其情形乃与地皮相反。由于世界货币战争十分剧烈，世界金价时而激涨，时而激落，瞬息之间，利损悬殊。因此，一般拥有大量资金的金融业者，遂利用此变幻无常的机会，从事投机活动。

金融业畸形发展，但仍不爆发危机的原因有：①世界银价低落，不但中国存银不致流出，且世界银货尚有向中国输入者，因此中国金融业乃得挹注之效。②游资集中于大都市，银行吸收存款力强，故不致捉襟见肘。③政府以债还债，信用尚未失去，故人心尚稳定。

在此等基础上建筑的中国金融业，其发展规模愈大，其前途危机愈增。若上述 3 项维持条件一有变动，金融业随时有爆发危机的可能。这蓬勃一时的金融业的幕后潜伏着莫大的危机，一旦爆发，免不了坠入农工商业趋于没落的泥坑。

在中国的社会里，存在着 3 种势力，即帝国主义、封建残余、民族资本阶级。这 3 种势力是相互矛盾着的统一体。这 3 种势力在中国社会里面，形成了极为复杂的畸形形态，在中国社会的每一个部门里都渗透了这 3 种势力。同样，金融业也是如此。

在金融资本阵营中，存在着军阀、官僚、地主的成分。因为中国金融业的银行不是产业发展的产物，它的资本构成不纯粹是工商业资本家和银行资本家联合组成的，其中大军阀、官僚、地主的投资占相当大的数量，而且银行的行政上，军阀、官僚往往占支配地位，这和资本主义国家金融寡头和金融资本家支配政治的情形完全不同。

中国由于没有相当雄厚的工业资本，足以供发展的银行业进行投资，银行资本的投资目标则选择商业资本和财政。而银行对于地产的投资，则是投资商业资本的典型；而对于公债的投资，则是财政投资的结果。而中国的地产表面上看起来是一种资本主义式的企业，但其实质上不过是地主获利的工具。中国的地产在它的投机性及其社会作用上，都富有较高的封建色彩。而公债的发行，本来就不是为了振兴产业或者救济农业，其主要任务就是为了弥补财政空缺和从事非生产事业的建设。

因为中国国民经济处于半殖民地的地位，中国金融发展畸形，银行资本与产业资本的关联浅淡。通常中国银行的业务，多不涉及产业部门的放款投资，而主要集中于商业的贴现、押汇、商业放款等方面以及地皮、标金、公债、外国汇兑等投机事务。中国银行对于商业部门的投资，在经济情况良好的时候，因为作为中国商业经济基石的农业经济尚未达至破产的境地，农民对于商品的购买力巨大，商品销售若没问题，商业利润就可实现，因而商业放款与投资可靠而利厚。但随着世界经济危机对中国经济的破坏、中国农村经济因种种关系被摧毁、农村资金外溢于都市，致使目前中国农村资金缺乏，达到极点，农民之贫困，生活之艰难，出人意外。无数农民匪特无余资以从事生产，即购买极少量与极粗劣的食粮的资金都缺乏，立于饥饿死亡的线上。中国农民达于如此之局势，将从何来谈扩大消费都市的商品，共计都市的利益？因此，中国农村经济近年来极度崩溃，自然必使中国都市经济的基础瓦解，而金融业也将覆灭。

第四节　弱势外交与中日矛盾的白热化

一、资本主义国家对于中国经济的控制

帝国主义对华侵略，首先用武力打开中国的门户，占领中国土地，迫使中国与之缔结不平等条约，在政治上使中国完全屈服，更进一步支配中国。帝国主义为达到完全支配中国的目的，专靠政治力量，尚不能尽其任务，进行经济侵略，即财政资本的支配，才能使中国由半殖民地进而转为殖民地。

帝国主义对华的经济侵略，采取着 3 种方式，即商品输出、政治投资、货币剥削。商品输出使广大的中国民众的消费资金受到剥削，使其成为帝国主义商品所支配的奴隶；政治投资，掠夺了中国的铁路、航运、矿山的产业自主权利，同时支配了中国的政府财政；而货币剥削，不仅破坏了中国货币制度的发展，阻碍了中国金融业的前进，中国苦劳大众的生活资金也受它剥削。所以，外商银行的货币，是最残酷的压榨中国民众的工具。这 3 种剥削方式，从表面上来看，似乎是各具一体的，然而实质上，是互相联系着的一个统一体的 3 个方面。这 3 种形态，在对一个平等的国家来说，即帝国主义国家往往是各自为政的，但是对于中国，却完全不同。帝国主义对于中国的商品输出和政治投资，几乎全是由它的代理人——在华外商银行来执行的。例如外货进口，百分之九十要经过洋行之手而转入中国买办及内地，外国对华投资，中国举借外债，也全由外商银行办理，所以帝国主义对中国的商品和财政资本的侵略，是以在华外商银行为中心的。

19 世纪末 20 世纪初,帝国主义国家对中国的经济侵略由以商品的输出为主转为以资本输出为主,帝国主义国家在华银行的作用越来越重要。它们或联合或单独竭力向中国输出资本,控制中国金融业。外商银行由帝国主义政治军事势力的保证来维持其信用。凭借着不平等条约的保障,他们在中国经营存贷款、把持汇兑、发行钞票、投资企业经营,通过对中国政府的贷款等手段,使帝国主义从金融上控制、掠夺中国,把中国变为半殖民地的重要工具。

19 世纪 40 年代,外商银企就在中国出现。英国丽如银行是最早出现在中国的外国金融机构。1845 年,英商丽如银行于香港设立分行,并在广州设立分理处。1847 年,丽如银行开始在上海设立机构,而上海当时才开埠不久,"还只有 3 名外国医生,律师们的脚步还没有踏上这块土地"①。在丽如银行之后,相继设立的是英商麦加利银行和汇丰银行分行。第一次世界大战之后,外国银行数量明显增加。外商在华银行的设立情况如表 2-13 所示:

表 2-13 外国在华银行历年设立统计表(1894—1936 年) (单位:个)

年代(年)	英国		美国		法国		德国		俄国		意大利		日本		其他		合计	
	总行	分行	总行	分行	总行	分行	总行	分行	总行	分行	总行	分行	总行	分行	总行	分行	总行	分行
1894 前	4	12			1	1	2	2					1	1			8	26
1895—1913		5	1	4	3	12		11	1	14	1	1	3	28	3	9	12	84
1914—1926	2	9	9	25	2	11					2	3	7	34	1	2	23	84
1927—1930			2	4									13	12			15	16
1931—1936	2	2	1	1									8				11	3
历年累计数	8	28	13	34	6	24	2	13	1	14	3	4	32	75	4	11	69	203

数据来源:①吴承明. 帝国主义在旧中国的投资 [M]. 北京:人民出版社,1956;②张一凡,潘文安. 财政金融大辞典 [M]. 上海:世界书局,1937.

在华外商银行对于中国的侵略,也可以分为 3 种,即产业投资、吸收存款、发行钞票。前两者的剥削任务,都是靠发行钞票来完成的。因为外商银行对中国工商业放款,并不是拿出它的英镑或美元或日金,而是用它在华所发行的纸币,并用它吸收华人存款,华人提款时,也是拿它的纸币去支付,所以外商银行放款,是利用华人的存款,而它吸收存款,也是用不须兑现的纸币,简单来说,就是它拿中国人的钱做本钱,再去赚中国人的钱,外商银行对货币的剥削,是非常严重的。

---

① 汪敬虞. 十九世纪西方资本主义对中国的经济侵略 [M]. 北京:人民出版社,1983.

外资银行大力吸收公、私存款。公款主要是依靠各种特权强行收存的作为外债抵押的关税、盐税、厘金等收入。1964年的《学术月刊》记载，北洋政府时期，平均每年有银 15 700 万余元的关、盐税款要通过汇丰等银行转拨。因此，年底结存在汇丰等银行的款项平均每家达 2 200 万余元。私款主要是官僚、军阀、商人的存款。外国在华银行享有种种特权，中国政府奈何不了。国内的官僚、军阀、商人将外资银行视为保险柜，竞相成为外国银行的客户。1891 年 4 月，大官僚李鸿章存入德华银行 50 万银两，庆亲王奕劻在汇丰银行存款额达 120 万两。由于大量吸收中国存款，从 1925 年至 1927 年，仅汇丰银行吸收的存款之中的中国人的存款差不多等于当时英国在华的全部投资。对此，外国老板并不讳言，美国经济学家雷麦在他的《外人在华投资》一书中披露："有许多在中国各大城市的外国银行家，在 1930—1931 年冬天告诉我，华人存户提供了他们足够的资金，以致可以说，他们在中国完全没有投资。"在 20 世纪前 30 年期间，外国银行在吸收存款、保存税款方面至少使中国遭受经济损失 200 亿银元左右。[①]

法资的万国储蓄会是外商银行在华欺诈取财的典型。万国储蓄会第一任董事长——法国人盘滕于 20 世纪初空手来到中国上海，之后结识了中国人唐伯超，两人在法国人法诺和希古的支持下创办万国储蓄会。他们发行百元面额的小型奖券，规定 5 年还本。后来看到有机可乘，便延长为 10 年、15 年还本，票面额也提升至 1 千元、2 千元。他们一次"无本之法"骗取的储蓄款越来越多，该会 1912 年成立时的资本是规元 4 千两，实收 50%，这些微薄的资本实际上早已耗费在筹备费用和广告费用方面，储蓄会早已是一无所有的皮包公司。但到了 1923 年、1924 年时竟发展到资本额规银 100 万两和 800 万法郎。1961 年 7 月 7 日的《光明日报》指出，吸收的存款由 1912—1918 年的每月 10 万元左右猛增到 1919—1927 年的每月 300 多万元。除了骗取存款外，该会在中国还大肆套取外汇，进行地产买卖（从外滩到徐家汇，淮海路一带几乎所有的高大公寓和新式里弄房屋都属该会所有，如"盛司康公寓""毕卡第公寓""巴黎公寓"等）、操纵公债、经营赌博。

外国银行破坏中国货币主权，在其入侵之初，凭借特权发行纸币，扰乱金融市场。1922 年，麦加利银行发行 23 万镑，东方汇理银行发行 6 316 万法郎，花旗银行发行 34 万美元，横滨正金银行发行 165 万日元，华俄道胜银行发行 285 万卢布。到 1925 年，外资银行凭借特权在中国滥发纸币数额约达 32 300

---

① 李明银. 帝国主义对华经济侵略史况 [M]. 北京：经济日报出版社，1991.

余万元。从纸币发行量的增长速度来看，花旗银行 1922 年的增速为 1907 年的 30 倍。日本横滨正金银行 1918 年的增速为 1907 年的 4 倍。在 20 世纪最初的 30 年中，汇丰银行发行额增加了 39 倍，麦加利银行增加了 3 倍，东方汇理银行增加了 50 倍。20 世纪 20 年代，外国银行在华纸币发行超过了中国各家银行的发行总额。1921 年，麦加利、汇丰、有利、花旗、正金、台湾、朝鲜、东方汇理、华地、中法实业、中华汇业、北洋保商、中华懋业 13 家银行发行银行券数额多达 2.124 亿元，而中国各银行发行的银行券仅为 0.959 亿元，后者仅为前者的 45%；1925 年，麦加利、汇丰、花旗、友华、美丰、正金、台湾、朝鲜、东方汇理、华地、中华汇业、中华懋业、华俄道胜 13 家银行发行银行券 3.232 亿元，中国各种银行券发行额为 2.05 亿元，仅为前者的 63%。[1] 纸币发行是一个主权国家的主权和经济政策的支柱，外国银行擅自在中国发行纸币、银行券，且数额超过中国银行的发行，这种事实无可辩驳地说明甲午中日战争后中国半殖民地状况的加深。外国在华银行用滥发纸币的办法积聚和扩大了营运资本，大量增加了放款数额。由滥发纸币所带来的放款增加，无需支付存款利息，能为外国在华银行带来更大的利润。外国银行在中国漫无限制地擅发纸币，最终受害的只能是中国人民。1926 年 9 月，华俄道胜银行倒闭，其所发行的各种卢布纸币成为分文不值的废纸。据统计，仅上海一地就因此损失 2 693 218.95 两白银，无数中国商民倾家荡产。近代 10 余家外行在中发行钞票，到 1925 年，发行总额为 7.5 亿多银元。以此为基数推算，外国银行在中国发行钞票，使中国遭受到的经济损失至少在 160 亿银元以上。[2]

中日甲午战争以前，外资银行已经垄断了中国的国际汇兑和通商口岸的商业信贷。中日甲午战争后，它们又利用对中国的大量贷款，增强了这种垄断，一直到 1935 年以前，中国外汇价格的变动都以汇丰银行挂牌为准。外资银行操纵了外汇，便能根据自己的需要故意抬高或者压低外汇价格。汇丰银行每当向中国政府交付贷款时，便抬高外汇牌价，以便折算时少付银两；在收取借贷本息时，则压低外汇牌价，以多收中国的银两。1911 年 4 月，汇丰、德华、东方汇理、花旗等四国银行团经手币制实业借款时，仅镑亏一项，他们就攫取了 56 000 余两。[3] 1921—1925 年，汇丰银行以操纵汇价涨落的办法获得白银 189 万余两。在进出口贸易定货和清算时，外国银行也采取同样的办法，造成中国外贸的损失。从 1902 年到 1948 年，外国金融资本从垄断中国汇兑中攫取

① 献可. 近百年来帝国主义在华银行发行纸币概况 [M]. 上海：上海人民出版社，1958.
② 李明银. 帝国主义对华经济侵略史况 [M]. 北京：经济日报出版社，1991.
③ 何清涟. 清末中国的大量外债及其分析 [J]. 财经研究，1986.

的财富最低有 25 亿银元。①

帝国主义通过他们在沪的政治和商业机构发行债券和股票对中国资金进行最直接、最有效的掠夺。而当充斥于上海的游资苦于寻找投资对象时，给了他们可乘之机。据不完全的统计，从 1930 年到 1934 年，美、英、法等帝国主义前后在上海共发行了 31 种债券（见表 2-14），8 种新公司股票和 10 种旧公司改组后的增资股票，全部金额折合银元达 265 878 790 元。

表 2-14   1930—1934 年美、英、法在上海发行的债券

发行年份	发行机构	名称	发行总额（上海银两）	折合银元（一两折合一元四角）
1930 年	法租界公董局（法）	六厘债券	2 000 000	2 800 000
1930 年	普益地产公司（美）	六厘债券	3 720 800	5 209 000
1930 年	华懋地产公司（英）	六厘债券	3 000 000	4 200 000
1930 年	中国营业公司（美）	八厘债券	3 000 000	4 200 000
1930 年	中国建业地产公司（法）	六厘债券	1 000 000	1 400 000
1930 年	国际投资信托公司（英）	六厘债券	2 000 000	2 800 000
1930 年	茂泰洋行（英）	六厘债券	500 000	700 000
1930 年	业广地产公司（英）	五厘债券	5 000 000	7 000 000
1931 年	法租界公董局（法）	六厘债券	3 000 000	4 200 000
1931 年	英法地产公司（法）	六厘债券	1 000 000	1 400 000
1931 年	中国营业公司（美）	八厘债券	4 500 000	6 300 000
1931 年	中国运输公司（英）	八厘债券	600 000	840 000

---

① 李明银. 帝国主义对华经济侵略史况 [J]. 经济日报出版社，1991.

表2-14（续）

发行年份	发行机构	名称	发行总额（上海银两）	折合银元（一两折合一元四角）
1931 年	国际投资信托公司（英）	六厘债券	1 000 000	1 400 000
1931 年	业广地产公司（英）	六厘债券	3 000 000	4 200 000
1932 年	华懋地产公司（英）	六厘债券	1 000 000	1 400 000
1932 年	上海电话公司（美）	六厘债券	5 000 000	7 000 000
1932 年	上海自来水公司（英）	六厘债券	2 800 000	3 920 000
1933 年	法租界公董局（法）	六厘债券	2 000 000	2 800 000
1933 年	花旗总会（美）	七厘债券	750 000	1 050 000
1933 年	华懋地产公司（英）	六厘债券		1 500 000
1933 年	哥伦比亚乡下总会（美）	七厘债券	350 000	490 000
1933 年	中国建业地产公司（法）	六厘债券	1 000 000	1 400 000
1933 年	恒业地产公司（英）	六厘债券		2 000 000
1933 年	业广地产公司（英）	六厘债券	1 000 000	1 400 000
1933 年	上海电力公司（美）	五厘半债券		88 000 000
1933 年	上海电话公司（美）	六厘债券		10 000 000
1934 年	公共租界工部局（英、美）	五厘债券		7 000 000
1934 年	法租界公董局（法）	五厘债券		5 000 000
1934 年	中和地产公司	五厘半债券		18 000 000

表2-14(续)

发行年份	发行机构	名称	发行总额（上海银两）	折合银元（一两折合一元四角）
1934 年	中国建业地产公司（法）	六厘债券		2 000 000
1934 年	上海跑马总会（英、美）	六厘债券		2 000 000
合计	201 609 000			

资料来源：1930—1934 年上海众业公所每周星期六公布的《一周股市报告》。

帝国主义发行的债券和股票，有的是个人直接认购；有的则是帝国主义通过官僚买办威胁利诱上海金融业承受，例如中和地产发行的一千八百万元债券，当时江浙财阀手中的中国银行和附属的中国保险公司承购了半数左右，其他如上海电力公司和上海电话公司的债券和优先股票等，各大商业银行也莫不争先认购；而有的则是通过帝国主义，在海关、邮政、盐务等机关历年提存的各项公积金项下拨款认购。这些都是中国人民的膏血，无一不被帝国主义所利用。

1927—1936 年，在中国金融领域扩展势力最明显、最活跃的是英、日、美三国的银行。

1. 以汇丰银行为支柱的英商银行

在 1927 年南京国民政府成立时，汇丰银行已经是中国金融舞台上举足轻重的角色。1927 年年末，它的存款总额为 55 768 万港元，到 1936 年后增长为 83 794 万港元，增长了 0.5 倍。20 世纪 20 年代，多数银行苦于世界经济大危机的困扰，它虽也受影响，但 1930 年的存款仍达到 92 533 万港元。有了这么庞大的社会货币资本，它在资金运营上就大有可为，首先是把资金运用于国际汇兑和支持在华英商的进出口业务方面。

在当时上海的金银市场，汇丰银行有左右市场价格的力量，它拥有充足的外汇，还在库房中存有庞大数量的白银。1933 年"废两改元"后，财政部要上海中外银行把库存宝银进行登记时，全部登记额为 14 621 万两，仅汇丰银行一家为 3 629 万两，占 24.8%。《申报》记载，20 世纪 20 年代初，金贵银贱，外商银行从海外世界市场购入的白银数额庞大。据中国银行调查，1933 年年底，上海中外银行库存白银达 54 744.6 万元，其中华商银行、钱庄合集为 27 178.6 万元，外商银行合集 27 566 万元，其中以汇丰银行为主的英商银行则达 15 994.5 万元。《申报》记载，1934 年，白银大量外流，外商银行库存的白银一年中即减少了 2.2 亿元。其中流出数额最大的首推汇丰银行，它在 8 月 21 日这一天交由英国拉浦伦号邮船从上海装运出口的白银就达 1 150 万元。

英国通过银行，其金融资本在中国的支配网是遍及各个方面的，例如：①铁道投资成为英国资本所独占。②烟草事业为英国独占，英美烟草公司在中国处于绝对支配的地位，中国的南洋兄弟烟草公司、华成公司、正昌公司等均受其支配。③航业。英国以怡和、太古两公司为主干，在中国的内河航业上，占有主要的地位。④亚细亚煤油公司，是代表英国的石油托拉斯，它与美国、苏联的石油公司在中国形成三足鼎立之势。

2. 以花旗银行为首的美商银行

19 世纪末 20 世纪初，美商银行开始改变只重视为国内贸易提供资金周转而不太重视为国外贸易提供金融服务的状况。随着美国对外商品输出的不断扩大和对菲律宾等一些太平洋岛屿的占领，又逢中国偿付庚子赔款，美国可得份额需要金融机构代理，遂有花旗银行在中国设立。

1927 年 4 月，南京国民政府成立，由于这个政权的亲美倾向，给花旗银行带来了许多业务经营上的有利条件。例如 1931 年，900 余万美元的"美麦"借款；1933 年，5 000 万美元的"美棉""美麦"借款等有关的金融业务就大部分由它来承做。花旗银行在华房款是与促进美国对华贸易的扩展相联系的。1928 年，在华美商包括一般商户和公司 551 户，① 绝大多数与花旗银行有往来关系。其中，花旗银行对在上海的 12 家大公司的透支额在 1936 年时达到 2 541.7 万元，而这 12 户的存款金额只有 761.8 万元，可见花旗银行的信贷资金对这些美商大企业的支持是十分可观的。

美国金融资本，入侵中国比较晚，所以没有占有重要部门，它以投资于学校、医院、文化事业等方面为其特色。而美国在新兴事业部门的发展不可小觑，它在电力、航空、无线电等事业的发展是一日千里。

美国在中国的支配关系为：①美国对于中国的新兴事业大量投资，比如电气事业、无线电、飞机等，几乎全被其垄断。②美国投资多集中于金融机关，占其投资额将近一般，约 1 亿美元。③美国金融资本支配中国的主干是洛克菲勒系及摩根系。

3. 数量最多的日商银行

日本在华银行数量最多，大大超过其他国家的银行。这些银行可以分为 4 类：第一类是执行军国主义扩张任务、充当日本帝国主义侵华金融手段的横滨

---

① 中国人民银行金融研究所. 美国花旗银行在华史料 [M]. 北京：中国金融出版社，1990.

正金银行、朝鲜银行和台湾银行；第二类是国内大商业银行的分行，如住友银行、三井银行、三菱银行等；第三类是日本侨民兴办的地方性小银行，如上海银行、天津银行、汉口银行、济南银行等；第四类是以东北为基地，由日商创办或日商与官方合办的银行，如正隆银行、满州银行等。

日本的金融势力，是以其本国大银行在中国的分支行为活动中心。在正金银行领导下的十一个银行，在中国各埠均设有分行。除了正金银行以汇兑为主要业务而少做投资事业外，其他分行，都是以对华的经济侵略为主要任务。日本银行对华的侵略手段不同于英国，它门很少利用买办作为其侵略工具，譬如他们亲自在河南设立采烟叶号和在山东开设的采棉庄号，这证明了日本资本家对于中国民众的剥削更加残酷。

日本银团在中国的支配形态为：①日本金融资本和纺织公司支配了中国的纺织工业。②矿业为日本金融资本所独占。③日本火柴工厂已"压倒"了中国的火柴工业。④油业电气方面，日本金融资本和英、美资本进行激烈地竞争。⑤其航业也在向英国看齐。

外国在华银行的资本构成大体分为两种，一种是帝国主义国内垄断资本家和金融寡头的直接投资；第二种是外国银行在中国的盈利积累和凭特殊手段集中起来的货币资本。后者是其主要部分，在华外资银行主要通过吸收存款、滥发纸币、垄断外汇、投机地产、保管税收等手段增资扩大运营资本，加强对中国的金融侵略。

外国对华资本输出由以往提供借款为主的间接投资，转向以开设企业为主的直接投资，是从辛亥革命、第一次世界大战期间开始的。据统计，1914 年外国在华的投资中，间接投资的借款只占 33.7%，直接投资已占 66.3%。直接投资的区域、规模、行业均呈扩大趋势，直接投资比重于 1930 年上升至 73.9%，于 1936 年再升为 80.5%。① 各国在华企业投资额由 20 世纪初的 8 亿美元，增长为第一次世界大战前的 16 亿美元，再增长为 1931 年的 25 亿美元。② 各国投资金额及所占比重如表 2-15 所示。

表 2-15 　　　　　　　1931 年各国在华企业投资额简表

国别	金额（百万美元）	所占比重
英国	963.4	38.0%

① 吴承明. 帝国主义在旧中国的投资 [M]. 北京：人民出版社，1955.
② 雷麦. 外人在华投资 [M]. 蒋学楷，译. 北京：商务印书馆，1953.

表2-15（续）

国别	金额（百万美元）	所占比重
日本	912.8	36.0%
俄国	273.2	10.8%
美国	155.1	6.1%
法国	95.0	3.8%
德国	75.0	3.0%
比利时	41.0	1.6%
荷兰	10.0	0.4%
意大利	4.4	0.2%
北欧诸国	2.0	0.1%
合计	2 531.9	100.0%

资料来源：雷麦. 外人在华投资［M］. 蒋学楷，译. 北京：商务印书馆，1953.

中国金融业依附于列强，在列强垄断之下生长着。单就上海而论，列强独资设立的银行，有汇丰、麦加利、花旗、美丰、正金、有利、台湾、住友、三菱、三井、朝鲜、东方汇理、华比、荷兰、大通、菲律宾、安达、大英、友华等二十余家。华商在上海开设的银行有三十余家，合计资本较列强独资设立的银行相去远甚。导致的结果为：①外商银行的信用较华商为大，因此，一般中国军阀官僚的资本，都流向外商银行的库中，军阀官僚的财产，都是搜刮得来，如果存在华商银行，有被没收的危险，所以他们宁愿以低利存于外人手中，甚至愿出保管费。②国际贸易上的国际汇兑，必为外人所操纵，因为外商银行资本雄厚，一切国际贸易上的汇兑，都让它们做信托，它们是我们对外贸易的中间媒介，例如中美贸易的信托为花旗银行，中英贸易的信托为汇丰银行，中日贸易的信托则为正金银行和台湾银行等。③外商吸收了中国军阀官僚的资本，转而再以高利贷款给中国政府，中国以关税、盐税等为担保。可见不仅是金融，而且中国的政治、经济都被外商操纵了。

二、日本对中国的侵略

甲午中日战争失败后，清政府被迫于 1895 年 4 月 17 日与日本政府签订《马关条约》。这是一个丧权辱国的条约，根据这个条约的规定，中国政府须割让台湾全岛及其所有附属岛屿、澎湖列岛和辽东半岛给日本人。1895 年 5 月 20 日，清政府命令台湾巡抚唐景崧率文武官员内渡大陆，放弃对台湾的管辖权。从此，台湾沦为日本的殖民地。

日本侵占台湾后，对台湾进行了长期的掠夺，对台湾人民实行残酷的剥削。而在台湾实行金融垄断和控制是这种掠夺和剥削的重要方式。1899年，日本在台湾设立了殖民地性质的中央银行——台湾银行。台湾银行享有代理国库和发行兑换券的特权。1919年，台湾银行资本总额达到6 000万日元。台湾银行有很高的垄断性，它严密控制着台湾的金融事业和各项金融活动，它的存款额占台湾各银行吸收存款总额的59.9%，它的放款占各银行放款总额的62.3%，台湾银行大量吸收台湾存款，并运回日本国内，该银行的存款每年约有1/3或2/3被调往日本国内，以放款的形式支持日本垄断资本所经营的企业。

早在1927年，就由日本内阁总理大臣田中义组织召开臭名昭著的"东方会议"，确立了以武力侵占中国东北地区的方针。1929年，资本主义世界爆发了经济危机，随后是"世界资本主义经济危机"时期的来临，严重冲击了日本。为缓和国内阶级矛盾，转嫁经济危机，日本当局阴谋加速策划侵华活动。1931年6月，日本制订了"满蒙问题解决方策大纲"，指定由日本参谋本部和驻中国的关东军共同拟定具体侵占中国东北地区的作战计划，并为发动侵华战争制造种种借口。

1931年，"九一八"事变，日本突然发动对中国东北驻军的进攻，由于蒋介石实行不抵抗政策，日军在3个月内就占领了东北全境，将中国东北置于自己的殖民统治之下。东北地区当时是中国工业、农业、交通运输业和外贸业较发达的地区，东北被日本占领，中国就等于丢失了全国30%的煤产量、79%的铁产量、93%的石油产量、55%的黄金开采量、23%的电力、37%的森林、41%的铁路线、37%的对外贸易。①

"九一八"之后，日本加强了对东北的金融控制，控制的重要步骤和手段就是成立"满洲中央银行"。满洲中央银行于1932年6月15日成立，于7月1日正式营业，它以原东北的东三省官银号、吉林永衡银钱号、黑龙江官银号和边业银行四大金融机构为基础，其资本号称1亿元。其总裁由原吉林省财政厅长荣厚担任，但实际操纵于副总裁日本人山成乔六之手，是日本掠夺东北人民的金融工具。它的主要活动包括以下几个方面：

第一，强迫收兑旧币。为了彻底控制东北金融，满洲中央银行从1932年7

---

① 斯拉德科夫斯克.中国对外经济关系简史 [M].郁藩，译.北京：中国财经经济出版社，1956.

月开始以很大的折扣收兑原东北四大金融机构发行的多种币券。

第二，独占货币发行权，以通货膨胀的手段，加强对东北人民的掠夺。满洲中央政府表面上规定发行的货币"中银券"为银本位，即定纯银 23.91 克为 1 元，但不铸硬币，只发行纸币。满洲中央银行于 1932 年发行伪币 15 000 万元，1935 年年底，其发行额高达 19 890 万元，在 4 年中增长了 31%。

第三，强迫人民储蓄，垄断放款。满洲中央银行的各级机构均设有"贮金部"，具体经办储蓄的各项业务。为了扩大吸收存款为日本所用，满洲中央银行积极配合日伪政权推行"国民储蓄运动"。满洲中央银行垄断放款，在该行成立之初的 1932 年，放款总额达到伪币 10 700 余万元，相当于同期实收资本总额的 14.3 倍。

第四，包销公债。日伪公债由伪政府发行，分为日币公债和伪币公债两类。日币公债由日币兴业银行等 17 个金融机构包销；伪币公债则由满洲中央银行包销。

第三章 20 世纪 30 代中国金融危机的爆发

20 世纪 30 年代，中国金融危机的发生滞后于世界经济危机，而正是美国的白银政策拉开了中国金融危机的序幕。作为中国货币的白银是中国与西方国家进行金融活动的媒介，其价格的剧烈波动给中国金融业造成了巨大影响。危机期间，利率升高，物价降低，并伴随着大量银行、钱庄倒闭，通货紧缩严重。而金融业的危机，也阻碍了中国的农工商业的发展。

第一节 美国的白银政策拉开了中国金融危机的序幕

一、美国的白银政策将危机转嫁至中国

白银的价格问题大约在 1870 年被提出。当时，一些国家，如德国、荷兰、芬兰、意大利、俄国、日本等，要么效仿英国采取金本位，要么为了建立交换的金本位的统治或为了建立纸币体系，相继弃用白银。因而，作为货币的白银大大减少，而白银本身的价值与黄金相比则显得微不足道。

同时，美国西部发现了一些新的白银矿，因而对印度白银的需求也随之减少，在这种情况下，加速了银价的下跌。这在美国造成了严重的问题。

美国作为世界产银大国，而且控制了世界产银地南美的大部分银矿。当时的美国参众两院约有三分之一的议员代表了白银矿主的利益，拥有不容忽视的政治力量，经常要为"白银做点事情"。

美国西部的白银资本家常常为白银价格而举行大规模的活动。1878 年投票通过的布朗·阿里森条款（Bland Allison Silver Purchase Act）给他们规定了白银的法定市价，使得他们不得不忍受每月 200 万 ~400 万银元损失的打击。同年 8 月和 1881 年、1889 年都由美国主动召集国际白银会议。1890 年，美国

政府颁布塞尔门条款（Sherman Act），按照这个条款，国库应该获得黄金或者白银偿还的国库券来支付450万盎司。正是根据这些条款，美国征得57 600万余银元，其中有8 000万元作为金属货币流通，其余部分以白银证券的形式保留，二者同银元一样具备法律效力。这种保护白银和增铸银币的政策使格埃桑法令发生了效力：白银已驱走黄金。1890—1891年，爆发危机，黄金储备减少时，银行家们都试图利用库存白银来换取黄金。同时，外国人纷纷将在美国积累的黄金汇往自己的祖国，引起美国黄金的外流。1893年5月，美国货币危机爆发。1900年2月14日的国会投票中，投票者不顾白银所有者的反对，决定取消塞尔门条款，采用金本位制。

在第一次世界大战期间，白银价格高涨的原因是白银的供不应求。一方面，为了抬高银价，矿主们有计划地控制白银的生产，而生产也由于技术落后和劳动力不足而停滞不前。另一方面，供给协约国白银的结算差额巨大，而其贷方差额增大，到了白银不足以应付的程度；与此同时，印度的政局不稳，其纸币流通量在1914—1920年增加了3倍，以致公众失去了对纸币的信任。为了摆脱这种困境，印度政府就在中国着手购买白银，中国的白银库存很快耗尽。印度又通过英国求助于美国国库，美国根据皮特曼条款，在美国出售白银，按每盎司1元的价格，英国获得了总额为35 000万元的银条，出卖给印度的总数为26 000万元的白银。

从1920年起，银价又逐渐下跌，尤其是在1927年以后，这一时期银价下跌的原因主要是需求的下降。而在当时，美国拥有世界白银产量的32%，世界银产量的66%由美国资本支配，加拿大银产量的34%、秘鲁的87%、中美洲的89%、智利的83%均为美国资本①。所以，世界银价的变动关系到美国国家的利益。对于持续下跌的银价，美国国内一些具有影响力的人士则开始以提高亚洲（主要指中国）的购买力为借口，鼓动提高世界银价。

在国际市场上作为普通商品的白银在中国则为货币，为稳定货币流通和金融市场，中国并不希望白银价格剧烈变动。但美国却不一样，因为它控制着大部分世界白银生产，白银价格的上升对于白银矿主以及美国国家的利益是十分有利的。1929年爆发的全球经济危机，加速了银价跌落的速度。在通货紧缩的压力下，金本位制国家开始放弃金本位，并向纸币制度过渡。由于世界经济危机的影响，美国为了缓和经济危机带来的影响、减轻白银派议员在政治上的压力，并使得世界金融格局向有利于美国的方向发展，在白银院外活动势力的

---

① 石毓符. 中国货币金融史略 [M]. 天津：天津人民出版社，1984.

强势影响下，罗斯福签署的黄金法令于1933年4月生效。法令规定全国私营银行和个人将储藏的黄金交给联邦储备银行，不允许美元兑换黄金，并禁止黄金出口，其实质就是放弃金本位。1933年5月，美国国会通过了农业救济修正法案（托马斯修正案），规定美国总统有权降低美元的含金量，并具有处置白银的广泛权利。

1933年夏天，在伦敦召开了世界经济会议，由于金本位的崩溃，会议的主题原计划是讨论建立或恢复世界货币体系。而美国出于自身利益的考虑，拒绝讨论这些问题，其将主要精力放在了白银问题上。

伦敦经济会议期间，迫于美国的压力，1933年7月，中国与加拿大、墨西哥、澳大利亚、西班牙、秘鲁、印度以及美国代表签署了《白银协定》，规定：自1934年元旦开始4年内，印度政府售银数量平均每年以35 000 000纯盎司为限，最高额每年以50 000 000纯盎司为限；西班牙政府售银量，平均每年以5 000 000纯盎司为限，最高额每年以7 000 000纯盎司为限；加拿大、墨西哥、澳大利亚、秘鲁在此期间内不得出售白银，并按照规定在白银矿业内统一购买，或设法在市面上收回35 000 000纯盎司；而中国政府不得将其熔化的银币的所得生银出售。美国签署《白银协定》的目的，就是通过控制世界其他国家的白银数量，来使世界白银价格止跌并达到稳定。在会议上，西方一些国家则声称共同维持银价的动机是提高中国的购买力，促进中国经济发展。但中国强调："倘遇金银比价发生变动，至中国政府认为足以妨害中国国民经济而与本协定的安定银价的精神不合时，得自由采取适当之行动。"[①]

世界经济会议之后，美国新任总统罗斯福实行了所谓的"新政"，"白银政策"则是"新政"的内容之一：1933年12月，美国政府颁布了《银购入法》，1934年5月又颁布了《白银法案》。其要点为：①提高白银价格，国内每盎司价为0.645美元；②美国货币的准备金为金75%、银25%，即金三银一；③财政部长有权在国外购银；④白银收归国有，总统有权命令国内存银全部交造币局。此外，美国政府还宣布美元贬值，放弃金本位，禁止黄金和白银出口，减少美元含金量60%等。上述法案和一系列政策，被统称为"白银政策"。

按白银政策规定，美国货币准备金欲达金三银一的比例，美国应存白银2 585 000 000美元，但当时美国白银及辅币仅有800 000 000美元，故需购进

---

① 卓遵宏. 中国近代币制改革史［M］. 台北：国史馆，1986.

白银 1 352 700 000 盎司①，于是美国政府在国外高价收购白银，计划每月购进 5 000 万盎司，直到银价上涨至每盎司 1.29 美元为止。于是，世界银价被人为地哄抬起来，到 1935 年 8 月，世界银价涨至每盎司 0.81 美元。

而在近代，世界各国逐渐采用金本位或复本位制以后，白银逐渐失去货币功能而变成了普通金属商品，因而其价格与其他普通商品一样决定于市场供求关系。因此，近代国际银价的定价机制是国际自由贸易体制下的供求关系支配的市场定价机制，由此就决定了国际白银的自由流动机制，即从价格低的国家和地区向价格高的国家和地区流动。由此，世界上形成了伦敦、纽约、孟买和上海等几个大的白银交易中心。1870 年以来，西方主要资本主义国家相继脱离银本位制，采取了各种形式的金本位制或复本位制，白银的货币用途仅限于少数几个保持银本位制的国家和地区。其中，中国作为货币用银的主要消费国（而不是生产国），由于处于白银消费市场的终端，对白银价格的反应速度比白银产地和市场集散地要慢。因此，在银价下跌的过程中，中国国内白银价格往往比国外白银价格要高，从而形成白银的流入。同理，在银价上涨过程中，国外银价比国内银价高，以致白银向国外流出。1896—1931 年，中国白银一直处于入超状态（个别年份除外）。据统计，在 1931—1933 年，世界主要产银国墨西哥、加拿大、美国的白银出口中，对中国的出口占到了 45%，可见中国对世界白银的需求量占了世界白银消费的大部分。经过多年的积累，到 1933 年 12 月 30 日时，做为中国金融中心的上海的白银储量达到了 4.393 4 亿纯盎司，相当于 1932 年或 1933 年世界白银年产量的 2.69 倍。1925 年，上海各银行的白银储值只有 1.34 亿元，到 1933 年年底达到了空前的 5.457 亿元，上升了 308.2%。

20 世纪初，在以金本位为主导的国际货币体系中，中国实际上是唯一采用银本位制的国家。从 19 世纪中叶开始，由于白银需求下降而供应持续增加，白银价格呈螺旋式下跌。中国不能控制国际银价的变化；白银是一种商品，它的市场价格受供需因素的影响，而与中国经济无关。与此同时，私营银行从事白银和外汇交易，白银进出口数量的变化，取决于潜在的利润。这种白银流动影响中国货币市场和物价。在这个意义上说，中国易受到国际银价波动的影响。即使白银的贬值和货币供应的增加限定了中国经济参与者的预期，中国却无法控制白银的价格和进口量。波动的国际银价对中国的经济来说，是一种潜在的威胁。

---

① 王玉烈. 一年来的美国银政策与世界银价前途 [J]. 银行周报，1935（19），4.

白银流入中国后，首先滞留在沿海、沿江等口岸城市，致使这些口岸城市的银行白银存底日见丰厚。随着银行资金的宽裕，货币供应量日渐充足，银根随之松弛，其市场反应就是物价上涨、经济活力充足。

　　充足的货币供应量在膨胀通货的同时，也加大了资金的投资需求和投机需求。在投机需求的扩张过程中，货币资本构成中的投资性资金不断向投机性资金流动而转化为投机性资金。投资性资金主要投向政府财政债券市场，而政府债券所募资金基本不进入生产领域，而大部分用于军费支出。而投资于房地产、标金、债券等市场的资金属于投机性偏好资金，势必产生经济泡沫，造成经济的虚假繁荣。

　　美国白银政策对于中国的金融经济具有很大的破坏作用。自美国实行白银国有后，伦敦银价与上海市价的差价，由十六分之一便士增加到了两便士以上，由上海运往纽约和伦敦的现银，平均每千元可得一百元左右的利润。除开关税等费用外，亦可以获得百分之六七的红利，所以中国白银大量外流。中国作为当时世界上最大的银本位制国家，由于其并不是产银国，每年须进口大量白银作流通之用。由于美国人为哄抬银价，中国不仅无法进口白银，国内存银反而大量外流。1933 年，白银净流出 1 422 万元，1934 年猛增至 25 673 万元，1935 年前 5 月，中国净流出白银已达 29 000 万元，尚不包括偷运的数字。

　　大量白银如潮水般外流，使中国存银严重下降、银根紧缩、金融梗塞、物价下跌，工商各业资金周转困难。1935 年，全国银行停业，倒闭 20 家，钱庄也纷纷倒闭，仅上海就达 11 家。民族工商业遭受的打击更严重，仅上海倒闭的工商企业就有 1 065 家。中国货币的银本位制受到严重威胁。因此，放弃银本位，切断银价同外国的联系，实行管理通货和有控制的纸币制度，就成为币制改革的方向了。

　　美国白银政策是美国在世界资本主义经济危机时期为摆脱经济危机的政策产物，是对内战以来美国货币本位架构调整的有机组成部分。从其政策设想看，美国白银政策的理论基础和政策目的是试图通过改变美国的货币结构，来达到贬低币值、膨胀通货、提高物价、恢复经济活力的目的。美国主张限制通货膨胀，或通过重铸银币来救济美国人民，这是美国白银政策的核心目的所在。除了核心目的以外，美国白银政策还有其他两个目的：第一，为美国白银派做点事；第二，试图通过稳定和提高银价增加中国的购买力，从而增加美国向中国的货物输出，达到与日、英两国争夺中国市场的目的。为了达到上述目的，美国政府设定了购银的定量指标和定价指标，即白银市价恢复到每盎司1. 29 美元以上或财政部持有的白银存量的货币价值达到黄金存量货币价值的

1/3。也就是说，美国政府通过制造白银需求，移动白银供求平衡点，以达到提高银价的目的。从实施效果看，美国白银政策的膨胀通货和提高银价使白银生产者获利的目的达到了。但通过提高银价来提高中国购买力、促进对华输出的目的，不但没有达到，反而破坏了中国银本位制的基础，把中国经济拖入了深渊。美国白银派参议院韦勒氏（Burton K. Wheeler）曾经说过："提高银价或者我的提案实施的影响，是在增加中国和其他一切用银国内制造商的生产成本……这样，中国的工业化必将多少被阻滞了；同时诸君必须记着，当上海、东京，或者其他用银国家多设一家纱厂，那无异是将美国的纱织工人赶到了十字街头。重铸银币或者提高银价不但可以看作是抵制远东输入品倾销的一种关税壁垒，而且因为它们的成本提高之故，也可以减轻远东输出品在国际市场上与美国货竞销的力量。"

自1929年以来，中国的物价较金本位国家更为安定，反而自美国购银政策实现以后，中国的物价连续跌落。美国实施白银政策产生的客观现实就是中国银价提高、物价降低、债务负担增加。换一句话说，就是美国把采取紧缩政策所带来的痛苦，转嫁于中国人民身上，且使中国由一大量银输入国转变为银输出国。

通过以上对美国白银政策提高银价对中国经济产生传导效应的理论分析，我们可以看出，美国白银政策导致中国经济萧条、中国居民收入和居民购买力水平下降。关于《白银法案》对中国的影响，弗里德曼曾经指出："20世纪30年代的白银购买法案着实使中国遭受了好几年严重的通货紧缩，使中国永远脱离银本位，墨西哥暂时脱离银本位，并且必须将其看作是在经济上及政治上削弱中国的一个重要因素。"[①]

二、世界银价上涨导致中国白银大量外流

美国白银政策给中国带来最直接的影响是世界银价的提高导致白银大量外流。一国现银之流出，不外以下几种情况：①因贸易入超，不得不输出现银抵消外欠；②遇到国家对外信用发生极度动摇时，引起资本外逃；③海外银价高于国内，因而使国内现银流出国外的投机获利行为产生。

20世纪30年代以来，中国农业、工商业不景气，导致劳苦大众购买力降低，入超数量不断减少，所以，白银大量流出，并非因入超而抵消外欠所致。

---

① 弗里德曼. 弗里德曼文萃 [M]. 胡雪峰，武玉宁，译. 北京：北京经济学院出版社，1991.

国内也并未发生严重的金融恐慌，中国经济虽然受到世界经济危机的影响，但是整个金融和财政体系并没有完全被破坏，因此对外信用并未极度动摇。而白银的大量流出，则是白银巨大的国际差价导致的投机行为的结果。

美国白银政策导致的世界银价上涨引发中国白银外泄，最初的现象是黄金外流。1932 年和 1933 年，中国贵金属的出口白银还远非主力，主要反映在黄金出口上。这两年内，黄金的净出口量分别为 110 163 000 元和 68 608 000 元。在 1934 年前 6 个月内黄金净出口量为 36 377 000 元，7 月为 5 815 000 元，8 月全无。而与此同时，1934 年 8 月的白银净输出量比 7 月猛增了约 3.5 倍，从 24 308 009元上升至 79 094 748 元。[1] 中国黄金存量已近枯竭，继之以白银外流增加。从 1932 年到 1933 年的白银交易统计来看，那两年（不包括异常活跃的走私），中国白银的净输出仍高达 10.4 百万元和 14.4 百万元。[2] 这与平时中国经济所呈现的外贸与白银的双入超现象不符。

中国的白银是货币材料，当它在其他国家里成为普通商品时，在中国，它的流通产生同黄金流通一样的效果。在美国实施白银政策之后，白银价格就由美国所控制。由于美国的白银政策，导致白银升值，使各个银行抛出了库存的白银，从而利用其巨大的价差攫取巨额利润。

上海作为中国的金融中心，其存银数量在中国居首，但是由于外贸和国际资本流动，大量存银都在外国银行控制之中。当世界银价上涨时，外国银行则通过将白银运出中国流向国际白银市场而从中获利。中国白银输出的主力就是外国银行。外国银行利用白银价格上涨谋利处于理想的地位，只要是那种以纽约为基地而又有分支机构在上海的外国银行，就能容易地把中国的银元转移出国外当作金属来出售。外国银行根本就不管货币增值在中国引起了什么经济、社会问题。[3]

1933 年，上海成为一个纯白银输出口岸，一改多年来上海外贸及白银双入超的局面，见表 3-1。

---

① 钟祥财. 法币政策前后中国的货币理论 [M]. 上海：上海社会科学出版社，1995.

② 梅远谋. 中国的货币危机 [M]. 成都：西南财经大学出版社，1994.

③ 帕克斯·M. 小科布尔. 上海资本家与国民政府 [M]. 蔡静仪，译. 北京：中国社会科学出版社，1988.

表 3-1   1931—1934 年上海白银进出口数量表

单位：元

时间（年）	进口	出口	纯输出（纯输入）
1931	118 233 016	47 429 681	+70 803 335
1932	96 538 889	86 143 824	+10 395 065
1933	8 032 474	94 854 914	-14 422 440
1934	7 414 009	267 355 432	-259 941 423

《华北日报》记载，中国大量出口白银是在 1934 年，当时中国银行发表报告中说，8 个月内，白银出超达 1.5 亿元，上海占 8 成，大部分运往纽约、伦敦两银市，全国银行存量尚有 5 亿元。

1934 年 1 月，上海的外商银行存银约 27 500 万元，占当时上海中外银行存款总数的 49%，年底仅为 5 400 万元，仅为 1 月的 1/5，这一年中国白银外流量为历史上白银外流量最高的 1907 年的 5 倍。[1] 从上海存银的总体变化中，也可看出白银流动数量的巨大，以及外国银行白银储备的大量减少，见表3-2。

《益世报》记载，1934 年，中国银行经济研究处调查，至 1934 年 1 月，上海中外银行存银（银两银元大条）约 56 010.5 万元，其中华商银行占 28 458.5 万元，外商银行占 27 552 万元。1935 年 4 月 24 日，中央银行经济研究室调查，上周末上海存银数为 33 800 万元，外商银行仅 5 000 万元。

对于 1934 年中国白银输出量，由于统计口径的不同而记载不一，但无论如何，随着白银外泄，国内通货紧缩日趋严重。[2]

表 3-2   上海银行界的白银储备表（1931—1935 年）

单位：百万元

日期	白银总储备	中国银行白银总储备	外国银行白银总储备
1930 年 12 月	262.0	166.3	95.7
1931 年 12 月	266.2	179.3	86.9
1932 年 12 月	438.3	253.3	185.0
1933 年 12 月	547.4	271.8	275.6

---

① 文史资料工作委员会. 旧上海的金融界 [M]. 上海：上海人民出版社，1988.

② 中国第二历史档案馆. 中华民国史档案资料汇编 [M]. 南京：江苏古籍出版社，1994.

表3-2(续)

日期	白银总储备	中国银行白银总储备	外国银行白银总储备
1934 年 3 月	589.4	337.4	252.0
1934 年 6 月	582.9	337.6	245.3
1934 年 9 月	451.3	310.0	141.3
1934 年 12 月	335.0	280.3	54.7
1935 年 12 月	275.6	262.8	11.8

资料来源：①张研，孙燕京. 民国史料丛刊998（史地·年鉴）上海市年鉴（1936《一》）[M]. 郑州：大象出版社，2009.②郑允恭. 银价腾贵与中国 [J]. 东方杂志，1935.③帕克斯·M. 小科布尔. 上海资本家与国民政府 [M]. 蔡静仪，译. 北京：中国社会科学出版社，1988.

上海运银出口的银行有汇丰、麦加利、大英、运通、大通、东方、中法等16家，合计运出现银数，"自去年（1935年）一月至六月，出口现银值三千四百万元，七月份出口值一千六百万元，而八月份截至二十一日止竟达五千二百万元，若计年来流出现象，有一万万三千万之多，且近来尤有继续运出之趋势"。①

汇丰银行很早就将金银买卖列为其经营业务，世界银价不振时，汇丰手中存有大量白银。1915年，上海中外银行钱庄共有存银8 099万两，其中，中国公私银行及钱庄占17.3%，而汇丰一家独占38.4%②。而且基本掌握了中国的白银"吞吐"，当国外银价低落时大量运进，反之则从中国大量运出白银，从中获取暴利。1934年8月21日，汇丰银行就从上海交由英国邮船拉普伦号运走1 150万元③。汇丰银行还曾一次运出"生银二千八百三十一条"④。美国花旗银行也将存银运出国外，1934年7月，运出白银100万规元，11月又外运500万元⑤。紧接着现银继续流出，"据查最近之一批，于23日起陆续装，25日当可运完，目的地为伦敦、旧金山等处，计汇丰银行二千箱，银六百五十万两，某银行二百五十箱，计洋一百万元，两供给洋一千零十万元，又某银行装出之元宝，闻代某洋行办理出口者，尚有外商银行四家，亦有现银装出，但为数上不甚巨云"⑥。

---

① 王承志. 中国金融资本论 [M]. 北京：光明书局刊，1936.
② 常南. 英国汇丰银行的经济掠夺 [M]. 天津：天津人民出版社，1980.
③ 上海金融史话编写组. 上海金融史话 [M]. 上海：上海人民出版社，1978.
④ 史全生. 中华民国经济史 [M]. 南京：江苏人民出版社，1989.
⑤ 中国人民银行金融研究所. 美国花旗银行在华史料 [M]. 北京：中国金融出版社，1990.
⑥ 佚名. 大量白银流出之可惊 [J]. 钱业月报，1934（14），9.

1934 年 7 月到 1935 年 9 月，上海输出白银的总数之中，外国银行占了 83% 以上①，总计洋约 4 393 万元，见表 3-3。

表 3-3　　1934 年 8 月中旬山大来公司承运的外商银行白银数目表

行名	宝银（两）	洋（两）	厂条
麦加利	5 000 000		
汇丰	1 300 000	10 000 000	
正金	960 000		
安达	290 000	260 000	
三井	350 000		
朝鲜	300 000		
有利	390 000		
中法	1 080 000		
大英	2 650 000	2 000 000	410
东方	1 000 000	2 200 000	
和兰	360 000	1 000 000	
大通		1 360 000	1 157
花旗	300 000		1 200
华比	1 000 000		200
德华		400 000	150
共计	17 680 000	17 220 000	3 117
合计约	19 410 000	21 220 000	3 302 000
总计	43 932 000		

资料来源：佚名. 汇丰等银行又运出大批现银 [J]. 钱业月报，1934（14），8.

日本也是中国白银运出的主力。日本利用其在华银行，甚至通过走私，大量运出中国白银，"从 1934 年 12 月至 1935 年 5 月，由中国运出往日本去者，现银约三千万元"②。到 1935 年 9 月，日本输出到伦敦的白银价值为 20 793 000 日元（5 801 247 美元）。1935 年，日本全年白银总产量为 8 000 000 日元

---

① 钟祥财. 法币政策前后中国的货币理论 [M]. 上海：上海社会科学出版社，1995.
② 史全生. 中华民国经济史 [M]. 南京：江苏人民出版社，1989.

（2 232 000 美元）①。1935 年的前 9 个月，日本运出白银总数达 1.44 亿元，而上年仅为 700 万元，其中 1935 年有一个时期竟输出白银达日金 2 100 万元，而 1934 年同期则仅为 100 万元②。日本报刊业承认："1935 年 1 月至 9 月，由上海向日本走私输出的白银，约有 144 155 000 日元，而日本每年产白银仅 1 000 万日元，故由日本输出的白银，主要是由中国向日本走私之白银。"③

表 3-4 1930—1933 年中央银行、商业银行及外国在华银行存底情况表

单位：万元

年份	中央银行		中国商业银行		外国在华银行	
	存底	指数	存底	指数	存底	指数
1930 年年底	36 497	100.00	89 941	100.00	94 604	100.00
1931 年年底	34 657	94.96	144 647	160.82	84 795	89.63
1932 年年底	40 317	110.47	212 973	236.79	185 050	195.60
1933 年 10 个月平均	53 904		211 390		190 002	

资料来源：许涤新. 货币战争及其对于中国经济的影响 [J]. 东方杂志，1934（31），8.

除上海外，当时中国各口岸都出现了白银外流的现象。在 1934 年以前，天津作为口岸城市，白银进口随着银价的下跌连年入超，而华北地区农村的破产、国货出口的减少、洋货的进口增加，导致银元流向天津，并充斥市场，当时银元对拨码或纸币每千元还须补贴二三元。1934 年开始，汇丰银行首先将大量白银运出中国。同年 2 月，该行天津分行还有 440 万元，12 月仅余 50 万元。其他国家银行也莫不如此，1934 年 2 月，这些银行存银还有 4 518.8 万元，12 月仅余 950.9 万元。而且外国银行以汇票大量套购现银，并派人四处搜购白银，因而出口的白银数额不止其所存银数。一时间天津银根奇紧，南京政府不得不从香港高价购入白银，转拨天津 500 万元④，以应付金融周转。在天津附近的唐山，偷运白银的活动猖獗，仅半个月内就运出了 80 万元⑤。1935 年 5 月 22 日，河北省政府主席于学忠在转报华北白银走私情形致行政院的呈

① 迈克尔·罗素. 院外集团与美国东亚政策 [M]. 郑会欣，译. 上海：复旦大学出版社，1992.
② 郑会欣."中美白银协定"述评 [J]. 民国档案，1986，2.
③ 郑会欣."中美白银协定"述评 [J]. 民国档案，1986，2.
④ 常南. 英国汇丰银行的经济掠夺 [M]. 天津：天津人民出版社，1980.
⑤ 文史资料工作委员会，中国人民政治协商会议上海市委员会. 旧上海的金融界 [M]. 上海：上海人民出版社，1988.

文中说:"华北银元走私如以月计,约有四百余万元之巨数流出国外。"之所以如此,主要原因是日本"专为收买关内现银"①。财政部在关于禁止日本偷运现银、扰乱金融密咨的稿中称:"日本为扰乱我金融,近加紧收买我国各地现金,分海陆两路运返本国。"② 华北走私是由日本人一手操纵和控制的,走私中国银元出口获利巨大,银元一千元能兑换到中、交洋票 1 400 万元。据《银行周报第十九卷第十一期》记载,这种走私数额无法准确地对其进行统计,据耿爱德估计,仅仅 1934 年私运出口的白银就达 7 000 万元。而且银元走私可以间接打击中国币制,同时为日本商品攻占中国市场提供便利条件。

除了华北走私以外,华中和华南的走私也十分严重。在华中,由崇明、海州两地运出者,"日在二十万元左右"③。1934 年后,厦门奸商曾燕成等人开设了永德等商号,专门进行走私;1935 年又合组为福安公司,在台湾洋行的保护下进行走私活动,有十几种船只,每月走私出口白银价值 10 余万元④。

一些中国经济学家认为这种外流仅仅是由于结算差额赤字所引起的。指出作为论据的实事是:白银大部分是从那些国际结算时用中国现金支付时收到白银的外国银行流出去的。这种观点,一半正确一半错误。正确的方面是,因为出口的白银属于外国银行,这些银行事实上是由其在中国的欠债人支付的,并且,在他们的库房里的白银可以认为是已经离开中国的;错误的方面是,因为如果没有外部白银价格高涨的吸引,可出口的白银将还是在这个国家里使用的,决不会无效果地存在库里,至少会暂时被投放在中国。

但是,如果中国人的白银出口显得比外国少,那么,白银走私则不断增加。事实上,人们都害怕罚金并希望逃避出口税。

不论怎样,库存白银的减少是一个明显的事实。中国白银的外流,不管它归属如何,必然会引起通货紧缩。当时的通货主要是银币,在不考虑银行发行钞票的总额,也不考虑其他还未引进中国的替代品的情况下,白银外流直接导致了银根紧张。

表 3-5 1934 年 1-12 月白银交易情况表

月份(月)	输入	输出	+入超 -出超
1	2 134 350	351 500	+1 782 850

---

① 郑会掀. 有关日本策动华北走私情况档案史料选 [J]. 民国档案, 1987 (4).
② 郑会欣. 有关日本策动华北走私情况档案史料选 [J]. 民国档案, 1987 (4).
③ 史全生. 中华民国经济史 [M]. 南京: 江苏人民出版社, 1989.
④ 连心毫. 三十年代台湾海峡海上走私与海关缉私 [J]. 中国社会经济史研究, 1997, 3.

表3-5(续)

月份（月）	输入	输出	+入超 -出超
2	198 145	1 765 090	-1 566 951
3	2 032 187	1 162 175	+870 012
4	388 945	15 152 635	-14 763 690
5	444 250	2 591 668	-2 147 418
6	165 510	13 101 937	-12 936 427
7	165 346	24 473 355	-24 308 009
8	354 000	79 448 748	-79 094 748
9	820 087	48 959 860	-48 139 773
10	607 052	56 939 190	-56 332 138
11	103 950	11 431 600	-11 327 650
12		11 974 659	-11 974 659

资料来源：梅远谋. 中国的货币危机［M］. 成都：西南财经大学出版社，1994.

表3-6　　　　1931—1935 年国际银价与中国白银进出口价值表

年份（年）	伦敦银价（每盎司合便士）	纽约银价（每盎司合美元）	进口	出口	入超（+）或出超（-）	单位
1931	14.59	0.290 1	75 887 687	30 442 671	+45 445 016	关平两
1932	17.84	0.274 9	62 255 268	69 600 852	-7 345 584	关平两
1933	18.15	0.350 1	80 432 474	94 854 914	-14 422 440	国币元
1934	21.20	0.481 7	10 830 380	267 558 531	-256 728 151	国币元
1935	28.96	0.643 2	10 996 768	70 394 397	-59 397 629	国币元

资料来源：中国人民银行总行参事室. 中华民国货币史资料［M］. 上海：上海人民出版社，1991.

三、白银购买力提高，导致物价跌落和汇率上升

美国白银政策引起的国际白银价格升高，给中国带来的另一影响则是对于中国货币的冲击，即白银购买力的提高。白银购买力的提高会对物价和汇率造成很大影响。

（一）物价跌落

国内白银购买力增长的必然结果是国内物价的跌落。从表3-7可知，1934年的价格水平相比1931年、1932年、1933年，上海分别下降了29.6%、15.3%

和 6.7%，南京分别下降了 35.5%、30.3% 和 12.6%，汉口分别下降了 25.5%、23.4% 和 9.9%。中国物价的下跌，是由于白银购买政策引起的白银价格大幅上涨造成的。而中间有几个月的白银价格回升可以由以下原因来解释：

（1）因为公众对于中国银本位的不信任。当美国白银政策推出后，白银价格在世界市场上涨，白银出口增多，公众匆忙进行消费，刺激了物价的短暂上涨。

（2）1934 年的大干旱，对于农产品价格和一些生活必需品价格的提高也有一定影响。

（3）物价的涨跌具有一定的刚性，其下跌的速度没有白银涨价快。

表 3-7　　　1930—1935 年 10 月中国各地批发物的物价指数表

年份	上海 （1926 年为 100）	南京 （1930 年为 100）	汉口 （1930 年为 100）
1930 年	114.8	100.0	100.0
1931 年	126.7	106.1	114.5
1932 年	112.4	100.8	112.4
1933 年	103.8	93.2	98.9
1934 年	97.1	80.6	89.0
1934 年 8 月	99.8	82.7	94.4
1934 年 9 月	97.3	82.0	90.7
1934 年 10 月	96.1	81.5	89.6
1934 年 11 月	98.3	81.2	88.4
1934 年 12 月	99.0	81.5	91.6
1935 年 1 月	99.4	82.6	92.1
1935 年 2 月	99.9	83.1	91.8
1935 年 3 月	96.4	81.5	89.8
1935 年 4 月	95.9	81.2	91.0
1935 年 5 月	95.0	81.5	89.3
1935 年 6 月	92.1	79.9	87.4
1935 年 7 月	90.5	79.0	88.1
1935 年 8 月	91.9	76.9	87.3
1935 年 9 月	91.1	75.0	86.5
1935 年 10 月	94.1	78.1	86.4

资料来源：梅远谋. 中国的货币危机［M］. 成都：西南财经大学出版社，1994.

如表 3-8 所示，1933 年至 1935 年 10 月，上海物价的下降趋势相当明显。

表 3-8　　　　　1933—1935 年上海趸售物价指数表（1926 年为 100）

月份（月）	1933 年	1934 年	1935 年
1	108.6	97.2	99.4
2	107.6	98.0	99.9
3	106.7	96.6	96.4
4	104.5	94.6	95.9
5	104.2	94.9	95.0
6	104.5	95.7	92.1
7	103.4	97.1	90.5
8	101.7	99.8	91.9
9	100.4	97.3	91.1
10	100.3	96.1	94.1
11	99.9	98.3	103.3
12	98.4	99.0	103.3
总指数	103.8	97.1	96.4

资料来源：汪裕铎. 二十四年度之我国金融业［J］. 交行通信，1936（8）.

（二）汇率提高

银价上涨，则中国银币对各国通货汇价上涨，1931—1935 年，英镑对华汇价下降 50%，美元下降 45%，日金下降 60% 以上，"白银的涨价也使得中国的银元增值。1931—1935 年，在国际兑换中，中国银元的价值增高了几乎 100%"①。本币升值，严重影响了中国外贸出口的正常进行，也造成国内物价低落，通货紧缩。由于银价上涨过快，中国关税增长速度赶不上汇率的降低速度，导致外货倾销，使中国的国际收支出现逆差，更加速了白银大量外流②。

外汇汇率上涨明显地被分为两个阶段：第一阶段是从 1932 年至 1933 年年底；第二阶段是从 1934 年夏季至 1935 年 11 月。

第一阶段，汇率上涨是那些或多或少遭受贬值损失的外币降值的反映。因而这种上涨是一种被动和局部的上涨。在这个意义上，它仅仅局限于实行了货币贬值政策的那些国家，他们是英国、日本、美国等。对于那些犹豫是否采用

① 迈克尔·罗素. 院外集团与美国东亚政策［M］. 郑会欣，译. 上海：复旦大学出版社，1992.

② 文史资料工作委员会. 旧上海的金融界［M］. 上海：上海人民出版社，1988.

这种全凭经验的政策的国家，比如法国，我们的汇率仍处在普通水平，丝毫未受到意外变动的损害。

第二阶段，汇率与第一阶段的水平相比，普遍升高大约20%。在纽约，从28美元涨到40美元；在伦敦从15便士涨到20便士；在日本从111日元涨到142日元；在巴黎也从542法郎涨到623法郎。第二阶段的特征，正是法国和使用法郎的国家的货币的上涨。这种上涨来源于美国采用白银政策之后银价的突然高涨。这次，它是一次自发的和内部的增长，因为它不仅基于外币的变化，而且因此构成我们货币的白银价值的变动。它显示了前者普遍的降值和后者一致性的增值。它内部的毛病更甚于外部的毛病。

同时，白银的原材料价格和货币的价值构成未得到重视。白银的商品价值的增长先于其货币价值的增长。正是这个差别加重了货币危机并且使国币失去了对外国资本的吸引力。

白银购买力在银本位制国家与非银本位制国家的表现是不同的。在非银本位制国家，白银购买力表现为白银与其他商品的比价。银价高则自然可以直接增加白银生产者的利润，有效地刺激白银工业的发展。在银本位制国家，白银购买力则表现为本位货币的升值或贬值，即直接表现为货币购买力水平。就银本位制中国而言，白银购买力指中国银本位制下的白银货币购买力，即银两和银币的购买力。白银购买力具有两种形态，即对内购买力和对外购买力。对内购买力可以通过本国的物价水平反映出来。物价低，说明单位货币可购商品数量多，即货币购买力提高；物价高，说明单位货币可购商品数量少，货币购买力下降。对外购买力通过汇率水平表现，汇率上升说明本国货币对外国货币的比价上升，可以换取更多的外国货币，则本国货币可以购买更多的外国商品，对外购买力提高；反之则相反。美国提高银价对中国货币的直接经济效应就是使中国货币升值。对内表现为单位货币可购商品数量的增加，即物价水平下降；对外表现为本币价格相对于外币价格的上升，即汇率上升。

物价水平持续下降，引发通货紧缩。通货紧缩的经济效应一般表现在生产、消费和金融三个主要经济领域。对生产企业而言，由于物价下跌减少了企业利润，引发开工不足、失业率上升，继而导致居民消费力下降。对消费者而言，物价下跌打击了存款者的消费欲望，因为明天的物价预期比今天更低。消费心理的变化导致消费需求不足。消费需求的下降将会导致物价进一步下跌，引发更深的通货紧缩。如果不采取刺激消费的政策措施，国民经济将会形成恶性循环。金融行业处于生产与消费的中间地带，不但对生产与消费起着调节作用，而且还受制于生产和消费：由于物价下跌造成企业开工不足，减少了企业的资金需求，形成信贷资金供大于求，引起利率下降。这样，过剩的资金沉淀在银行里，而银行家很难找到资金可靠的"买主"——借贷者。信贷量的减少和利率的下降导致银行利润的下降，长期下去就会引发金融危机；物价下跌带来的消费预期的降低使居民的储蓄愿望增强而增加储蓄量。储蓄量的上升在增加银行成本的同时，降低了银行的利润。

汇率上升的经济效应表现为利于外货输入而不利于货物出口。这样，近代以来的中国国际贸易入超的局面将会更加恶劣，国际收支逆差就会扩大。

四、白银外流导致银根紧缩

1932—1935 年，中国白银大量外流，导致白银通货严重紧缩的货币危机日益严重，金融危机亦愈演愈烈，信用紧缩危机严重恶化。信用紧缩现象反映在市场上，即为拆息的上升。拆息是金融市场的风雨表，拆息的升降表示为信用状态的松紧。1933—1935 年，上海市场拆息的水准明显上升（见表 3-9）。上海 1935 年的拆息水准平均在年息 5 厘以上。上海为金融的枢纽，也是游资集中之地，市场信用尚且如此，内地情形则更严重。

表 3-9　　　　　1933—1935 年上海市场拆息升降比较表

（单位：元）

月份（月）	1933 年	1934 年	1935 年
1	0.730	1.825	8.030
2	0.365	0.365	2.920
3	1.460	1.095	2.920
4	1.460	1.460	3.650
5	1.825	2.555	4.745
6	2.555	2.555	6.935
7	1.825	1.825	7.300
8	2.190	3.485	6.935
9	2.555	4.380	5.110
10	2.920	2.555	5.110
11	2.920	6.935	5.475
12	2.920	12.045	3.650
平均	1.977	3.423	5.231

资料来源：汪裕铎. 二十四年度之我国金融业［J］. 交行通信, 1936（8）, 2.

五、银行、钱庄等金融机构的倒闭风潮

1935 年以来，在市面不景气的狂潮中，金融恐慌以新的姿态在遍体鳞伤的全国展开了。1935 年 5 月，国民政府财政部币制研究委员会向美国商界来华经济考察团递交的备忘录《中国白银问题》中有详细记载：1934 年年底，每日市场利息率，通常有 6% 左右，现已涨至 26%。在这种情况下，竟有以最低的利率，出卖长期汇票以求获得现金的人。也有以短期借贷付 30% 以上的利息者。结果，"银行之关闭日有所闻，上海最繁盛之街市南京路，有多家商店停歇，更有多数商号长期欠租，而租界当局拒绝请求封闭，以其数过多故也。本地银钱行号约有 1/3 倒闭，其所发庄票，平日占信用证券之重要地位者，亦被各大银行拒绝收受"。地产及公司股票与其他诸种信用证券，其价值已减至50% 左右，或竟减至 50% 以下。银行群起追加贷款的担保品，于是"许多商号与富豪，相继破产"。"上述情形，与未来隐患，均受美国购银政策之赐"。[①]

金融恐慌伴随财政危机，导致农村破产、工商业落后，中国经济陷入恐慌、崩溃之中。银行业的清理、休业现象迭现（见表 3-10）。1935 年倒闭的银行有江南银行、宁波银行、世界银行、华明银号。钱庄倒闭者则有同泰、永兴等四大汇划庄，继而，同年 5 月 29 日，鼎姓钱庄停业，同年 7 月 3 日，济丰钱庄倒闭，以上诸庄资本都在资产数 10 万元以上的大钱庄的倒闭原因多因亏本，或因欠人无法偿还、人欠亦无法收回所致。同年 6 月 6 日，万国储蓄会上海总会发生挤兑风潮，其影响立刻波及全国。青岛、济南、天津、北平、南京、广州等处的分会也先后发生挤兑，因其分会而相继停业者则有南京、北平、天津等处。同年 7 月 11 日，天津中南银行兑换券停兑，而以中央、中国、交通三银行的纸币代兑。同年 5 月 28 日，美丰银行因经营地产亏本而停业，同时与其有关的普益信托公司、普益地产公司也相继清理。至于倒闭的典当公司达 40 余家。之前，上海典当业分旧行、新行两种，总计 120 余家，自"一二八"战争发生后，累计营业亏空甚大，合股及停闭者，自去年下季至今春，共倒闭 40 余家，此为贫民金融机关的一大破坏。最近各典当因营业不振、亏空过大，均请求当局将当满期 18 个月缩短至 8 个月，由此可见一斑。

---

① 卓遵宏. 抗战前十年货币史资料 [M]. 台北：国史馆，1987.

表 3-10 　　　　　　　　　　1934—1935 年中国金融业受挫情况表

时间	金融业受挫表现
1934 年 8 月 21 日	上海五华银行停业
1934 年 10 月 11 日	上海中国兴业银行停业，各地分行同时停业
1934 年 12 月 8 日	上海俭德银行停业
1934 年 12 月 30 日	上海元昌钱庄清理
1935 年 1 月 5 日	香港嘉华银行停业，上海嘉华分行同时停业
1935 年 1 月 12 日	厦门商业银行宣告停业
1935 年 1 月 21 日	上海通易银行停业
1935 年 1 月 31 日	上海荣康钱庄停业
1935 年 2 月 1 日	上海益康钱庄停业
1935 年 2 月 7 日	上海信康钱庄清理
1935 年 4 月 20 日	上海鸿利、永兴两钱庄倒闭
1935 年 4 月 21 日	上海同泰钱庄闭歇
1935 年 5 月 23 日	天津、北平、青岛等处明华银行停业
1935 年 5 月 24 日	上海明华银行、美商美丰银行停业； 上海美商美东银公司、普益地产公司、普益信托公司等改组
1935 年 5 月 29 日	上海元字号鼎甡钱庄停业
1935 年 6 月 4 日	上海宁波实业银行、上海江南银行停业；上海福泰钱庄清理
1935 年 6 月 20 日	北平聚益元、聚德祥、同元祥、正阳、明德、鼎元初等银号停业
1935 年 6 月 22 日	汉口源裕银号闭歇
1935 年 6 月 23 日	汉口中源银号宣告停业
1935 年 6 月 24 日	汉口德隆、新源、达源等银号清理
1935 年 6 月 29 日	南京谦益钱庄清理
1935 年 7 月 3 日	上海济丰钱庄停业
1935 年 7 月 4 日	上海世界银行停业
1935 年 7 月 21 日	天津敦庆长银号闭歇
1935 年 7 月 31 日 至 8 月 11 日	宁波、信源、泰源、永源、恒茂、公大、瑞孚、同泰等 20 余家钱庄停业
1935 年 9 月 1 日	上海正大银行停业
1935 年 9 月 4 日	香港、广州、上海等处广东银行停业
1935 年 9 月 16 日	香港国民银行停业

表 3-10(续)

时间	金融业受挫表现
1935 年 9 月 21 日	上海信通银行停业
1935 年 10 月 2 日	汕头巨丰、光大两银号闭歇
1935 年 10 月 5 日	上海美商信济银行清理
1935 年 10 月 22 日	上海华业银行清理

资料来源：汪裕铎. 从美国提高银价说到我国新货币制度 [J]. 交行通信, 1935 (7), 6.

"1935 年清理休业各银行共计 18 家, 实收资本达 25 665 110 元, 洵为近数年来, 银行业未有之损失。一般休业原因, 大概不外地产跌价, 挤兑提存, 周转不灵等数项, 足见经济社会在高度衰落之下, 银行业务不但无由发展, 即资金之运用稍有不慎亦足以招致困难也"。[①] 上述倒闭的银行, 不是营业正遭受取缔而停业, 便是投机亏空而失败, 前者我们可以看出中国银行"畸形"的样相与资本的空虚, 后者我们可以明了中国银行基础不牢固与其在全国经济破产中经营投机事业的表现。

1935 年的《申报》记载, 由上海金融恐慌所波及的北平聚盛源银号在 6 月 20 日宣布清理后, 右据德祥、同元祥两银号, 因存户提款, 周转不灵, 亦宣告停业。青岛银行亦因亏空而停业。在南方, 宁波金融风潮发生后, 钱庄搁浅者达二十余家。自 1935 年 7 月 30 日起, 因受社会经济不景气的影响, 信源、太源、永源、五源四大钱庄被清理后, 人心浮动, 存户纷纷提款, 致周转不灵, 于 1935 年 8 月 1 日起, 又有恒茂、惟康、兴源、衍康四家钱庄同时自动停业, 1935 年 8 月 2 日又有公大、承源、宝和、恒祥、宝浙、泰巽、裕源等 9 家钱庄停业, 1935 年 8 月 3 日有元康、宝鑫、豫源三钱庄宣告清理, 金融风潮严重, 目前尚苟延残喘者仅 10 余家而已。上述倒闭的 20 余家钱庄总资本约在百万左右, 收付流通总资本在千万元以上, 实为浙江省金融界的巨大损失。

同样, 汉口亦受上海的影响而发生金融恐慌, 即 1935 年 6 月 22 日晚, 浙江帮裕源银号宣告清理, 1935 年 6 月 24 日, 中国通商银行汉口分行发生挤兑, 钱业受其影响以致周转不灵而继续宣告清理的有中源、达源、德隆、永茂、永安等 5 家。当时虽经中国银行、交通银行运现银两百万赴汉, 以救一时之急, 而今年发生水灾, 湖北受害最大, 市面不景气更甚于前, 因为金融恐慌的危机潜伏待发。

芜湖为安徽省最大的商埠, 近 4 年来, 钱庄的经营状况衰落。民国十八九年时, 米业最盛, 钱庄多至四五十家, 可是自民国二十年大水灾以来, 逐年倒

---

① 汪裕铎. 二十四年度之我国金融业 [J]. 交行通信, 1936 (8), 2.

闭者，层出不绝，到现在，仅存六七家钱庄而已。其次是四川重庆市的金融恐慌，当地因农村破产，致钱庄倒闭者时有所闻，实为四川金融界的浩劫。

内地各省市的银行钱庄典当，更是在倒闭与挤兑的浪潮中溺沉下去。1935年休业的银号钱庄共达 111 家之多，尤以宁波的钱业风潮最为重大，当年七八月之间为时仅约 10 日，宣告清理之钱庄达 29 家，营业总额约近 20 000 000元。其次为上海，先后歇闭钱庄也达 10 家，经政府提拨金融公债 25 000 000元从事救济，得以安然过渡，惟内部实力已大见减缩。再次为汉口与北平，汉口自裕源庄宣告清理后，相继停业者，共计近 10 余家，其风潮之猛烈，不亚于宁波，幸经银钱两公会拨资 500 000 元从事救济，始告平息。北平一地，因现银缺乏，银号营业逐渐缩小，5 月及 11 月两月宣告清理者达 11 家。此外，如天津、济南、南京、青岛、汕头、福州等地，钱庄倒闭者也多有之，只是情势则较为缓和。[①] 民国二十一年，南通倒闭钱庄 3 家，镇江过去有钱庄四五十家，当年营业者只有 7 家，但又倒闭晋生、正大、晋源、裕源 4 家；芜湖倒闭恒兴、晋孚、锡和等数家；郑州倒闭银行共 6 家；广州倒闭钱庄 6 家；济南倒闭钱庄 2 家；青岛倒闭 2 家；厦门的银行钱庄停业者共 14 家。民国二十二年，广州省立银行挤兑，韶州、海口、江门各分行也发生风潮，市内兆荣、广信等12 家银号，领海银业公司和大中储蓄银行相继倒闭；汕头的金融该年崩溃 3次，第一次是在旧历清明节后、端午节前，倒闭钱庄 15 家，第二次是在夏秋间，源大、成茂、宝盛等钱庄倒闭，第三次是在阳历年底，光发、智发、鸿发等六家也倒闭，共计 3 次倒闭，负债在 600 万元以上；厦门与济南的钱庄纷纷倒闭，开封与徐州则发生极大的挤兑风潮，尤其是徐州，竟因挤兑，酿成人命惨剧。民国二十三年，情形更加紧张；当年 2 月间，苏州倒闭钱庄三家；当年5 月间，湖南省银行挤兑；广西纸币风潮平息；当年 6 月间，安徽四省农民银行分行、绥远平市官钱局、山西省立银行、西北垦殖银行先后发生挤兑风潮；当年 9 月间，河南农工银行挤兑，浙江嘉兴倒闭钱庄 3 家；当年 10 月间，宁波春榆钱庄倒闭，天津大中银行挤兑，钱庄倒闭的有 5 家，四川万县倒闭钱庄10 余家；当年 11 月间，四川渝埠倒闭钱庄数家；当年 12 月间，潮汕金融领域骚动。银票出现伪造，银根乃更见奇紧，港汕汇价特别提高，港纸千元，须贴水 380 元，现银被送往香港，每千元可获利 80 至 200 元。

《东方杂志》记载，至于典当，江苏省有 40 个县有典当机构，共 345 家，当年因当多赎少，破产迭起；浙江省有 48 个县有典当，共 309 家，其数远不

---

① 汪裕铎. 二十四年度之我国金融业 [J]. 交行通信, 1936 (8), 2.

如以前。民国16年以前，绍兴有140余家典当，现存者仅半数，停闭百分之五十；广东全省押店共1 276家，较之往昔，减少200家。

第二节　金融危机对国民经济的影响

一、农业危机进一步加深

1931年秋季开始爆发中国农业危机，至1934年，因农产品价格狂跌及水旱灾害交作，以最深刻、最普遍的形式表现出来。稻米、小麦及其他谷物的产销危机相当严重，各种出口农产品和工业原料作物的产销危机同样十分严重。农村副业在危机中崩溃。农村资金大量外溢，流入都市，导致农村金融枯竭，进而致使农业危机进一步加深。

1. 农产品价格狂跌

1935年，中国白银通货严重不足的金融危机，在农业领域首先表现为农产品价格的狂跌。从表3-11、表3-12、表3-13中可以清楚地看到，自1931年起，中国各地农产品价格即开始下降（如表3-11所示），1932-1934年，各地农产品价格下降的速度加快、幅度加大，至1934年，各种农产品的价格可谓跌落到了最低点，惨不忍睹。1934年，五谷类、茶叶类与籽棉、棉穰的价格指数比1933年的稍微提高（如表3-12、表3-13所示），主要是由于水旱灾荒特别严重，所以引起了所谓反常的"灾荒景气"。尽管如此，其价格同1930年的水准相去甚远。由于世界市场的萎缩，若干输出农产品的价格跌落比粮食价格更为迅速。

表3-11　1927—1936年天津和上海农产品趸售价格指数表（1926年为100）

年代（年）	天津	上海	年代	天津	上海
1927	102.51	102.6	1932	89.74	92.9
1928	103.34	94.7	1933	73.03	80.7
1929	106.75	99.4	1934	64.26	77.4
1930	106.82	113.2	1935	81.92	86.1
1931	95.74	105.8	1936	101.93	96.7

资料来源：章有义. 中国近代农业史资料第三辑（1927—1937）[M]. 北京：生活·读书·新知三联书店，1957.

表 3-12 1931—1934 年上海农产品趸售价格指数表（1930 年为 100）

类别	1931 年	1932 年	1933 年	1934 年
五谷类	79.79	71.10	54.85	62.14
纺织原料类	101.40	81.48	80.04	74.52
豆及子仁类	108.82	90.37	75.87	60.13
畜产类	102.44	98.03	97.44	87.58
茶叶类	138.46	114.49	86.23	89.97
烟酒类	99.55	102.80	110.10	96.74
总指数	100.30	86.67	77.14	71.87

资料来源：章有义. 中国近代农业史资料第三辑（1927—1937）[M]. 北京：生活·读书·新知三联书店，1957.

表 3-13 1933—1936 年上海与河北农产品价格指数表（1932 年为 100）

地区	农产品	1933 年	1934 年	1935 年	1936 年
上海	常熟机粳米	73	90	106	90
	汉口小麦	84	81	95	124
	河南火车豆	88	64	83	121
	山东生仁	75	57	81	110
	陕西中棉	96	93	91	114
	无锡丝茧	104	75	87	105
	祁门红茶	65	74	71	65
	大号鸡蛋	89	62	59	77
河北	小麦	65	51	75	101
	谷子	74	66	89	113
	玉米	71	60	89	121
	红粮	71	61	95	134
	黑豆	71	48	76	107
	花生	83	86	115	155
	籽棉	93	106	93	116
	棉穰	94	104	93	111

资料来源：章有义. 中国近代农业史资料第三辑（1927—1937）[M]. 北京：生活·读书·新知三联书店，1957.

农产品价格的涨落，可视为农业经济兴衰的表现，同时也是引起地价、工资及其他生产要素价格增减的主要因素。农产品价格的狂跌，沉重打击了农业经济，广大农民纷纷破产，农民抛荒弃田、抗租抢米的现象屡见不鲜。

2. 农产品收成低落

1931—1936年，中国各地灾荒频繁，农作物收成低落（如表3-14所示），广大农民经常因为生产不足而陷于饥饿状态。再加上这期间又遭遇农产品价格跌落的危机，农业恐慌的严重程度不堪设想。

表3-14 1931—1936年中国各省主要农作物收获成数之百分比表

农作物	1931年	1932年	1933年	1934年	1935年	1936年
小麦	63	63	66	66	57	64
大麦	64	67	66	70	65	68
豌豆	–	–	56	67	59	63
蚕豆	–	–	61	68	65	64
油菜籽	63	65	61	69	65	63
燕麦	–	–	64	69	59	63
籼粳稻	68	77	71	57	70	71
糯稻	69	77	68	55	68	71
高粱	60	68	65	61	64	71
小米	62	64	61	63	64	65
糜子	61	60	57	56	59	62
玉米	64	67	62	61	66	62
大豆	56	63	70	56	51	61
甘薯	67	74	68	65	69	60
棉花	56	58	59	55	54	65
花生	–	–	66	62	59	63
芝麻	–	–	63	57	55	60
烟叶	–	–	64	62	59	63

注：本表数据是按察、绥、宁、青、甘、陕、晋、冀、鲁、苏、皖、豫、鄂、川、滇、黔、湘、赣、浙、闽21省的收成百分比，以作物的面积加权平均而得。

资料来源：章有义. 中国近代农业史资料第三辑（1927—1937）［M］. 北京：生活·读书·新知三联书店，1957.

3. 农产品销售相当困难

受1929—1933年世界经济危机的影响，世界市场萎缩，1932年以后，中国农产品输出大大减少（如表3-15所示）。而洋货倾销中国，中国人民的购买力又受通货紧缩的影响而日益降低，故各种农产品销售相当困难，农产品价格猛跌。因此，物贱、农伤的危机日益严重，农村经济陷于绝境。

表3-15　　　　　1929—1936年中国主要农副产品输出统计表

（单位：担）

年份(年) 产品	1929	1930	1931	1932	1933	1934	1935	1936
小米	3 781 419	4 094 666	2 947 049	2 819 700	124	872	1 119 371	762 937
小麦	802 185	19 881	7 499	416 825	39 367	219 426	156 743	524 000
黄豆	41 015 440	28 578 582	38 060 580	17 269 469	95 579	28 351	34 233	101 872
花生	1 613 835	3 231 182	4 140 222	3 086 413	2 191 450	2 273 684	2 666 802	1 238 161
茶	947 730	694 048	703 206	653 556	693 757	778 194	630 842	616 682
烟叶	127 608	116 465	137 475	98 329	156 785	245 705	224 440	284 500
棉花	943 786	825 545	789 862	663 264	723 632	346 362	520 876	609 377
苎麻	238 862	151 227	233 924	238 695	196 026	309 316	268 835	326 544
芝麻	1 467 208	1 923 273	1 671 481	526 628	553 195	719 846	1 936 839	1 758 715
桐油	1 069 650	1 167 255	864 864	802 769	1 246 847	1 079 791	1 222 083	1 434 651
豆油	1 115 047	1 889 316	1 463 435	463 751	1	93	8	10 935
花生油	310 264	831 603	814 432	324 046	305 512	322 044	638 376	514 533
生丝	189 980	151 429	136 186	76 670	75 654	54 544	76 322	62 756
夏布	18 983	10 323	24 741	9 556	7 226	10 673	8 579	11 629
总计	53 641 997	43 684 795	51 994 956	27 449 671	6 285 155	6 388 901	9 504 349	8 257 292

资料来源：章有义. 中国近代农业史资料第三辑（1927—1937）[M]. 北京：生活·读书·新知三联书店，1957.

4. 农村金融枯竭

白银危机中，因工农产品价格剪刀差的扩大（见表3-16），农产品的购买力急剧下降（见表3-17），各地农村贸易入超严重，农村资金大量流入都市（见表3-18），导致农村金融枯竭，"农民几至借贷无门，坐以待毙，其凋敝情形于此可知矣"[1]。

_____

[1]　章有义. 中国近代农业史资料第三辑（1927—1937）[M]. 北京：生活·读书·新知三联书店，1957.

表 3-16　1932—1934 年中国农产品购买力指数表（1931 年为 100）

年度（年）	农产品价格指数	生活品价格指数	农产品购买力
1932	89.76	93.20	96.31
1933	75.47	85.07	88.72
1934	70.30	84.08	83.61

注：本表采用的农产品价格指数来自天津、上海两地；采用的生活品价格指数来自北平、上海两地。农产品价格，都市较乡村高，其程度等于运销费用加上税捐；生活品价格，乡村较都市为高，程度等于运销费用加上税捐。所以如果用乡村的农产品价格和生活品价格来测量农产品的购买力，则其降低的程度相当大。

资料来源：章有义. 中国近代农业史资料第三辑（1927—1937）[M]. 北京：生活·读书·新知三联书店，1957.

表 3-17　　1933—1936 年上海与河北两地农产品购买力变动比较表

（1932 年为 100）

年份（年）	上海			河北		
	农产品价格指数	农用品价格指数	农产品购买力指数	农产品价格指数	农用品价格指数	农产品购买力指数
1933	84	97	86	78	84	93
1934	79	98	80	73	84	87
1935	89	106	84	91	109	83
1936	103	125	82	120	127	95

资料来源：章有义. 中国近代农业史资料第三辑（1927—1937）[M]. 北京：生活·读书·新知三联书店，1957.

表 3-18　　　　　1932—1934 年内地资金流入上海情形表

年度（年）	地点	经由中行汇出百分率	经由中行汇入之百分比	入超（+）或出超（-）
1932	上海	36.10	63.40	+27.3
	内地	63.90	36.60	-27.3
1933	上海	28.40	74.00	+45.6
	内地	71.60	26.00	-45.6
1934	上海	32.91	72.91	+40.0
	内地	67.09	27.09	-40.0

资料来源：莫湮. 上海金融恐慌的回顾与前瞻 [J]. 东方杂志，1936（33），22.

二、乡村手工业崩溃

20 世纪 30 年代的中国农民"恒于农暇从事于工业品之制造，以为副业。以举国必需之衣料棉布为例，则五分之四之产量，仍为农民家庭之手织机所生产。如蚕丝毛麻之织造，亦为农家之主要副业。食品如面粉、油、酒，日用品如皂、碱、筐、篓之类，艺术品如花边、刺绣之属，亦无一而非农家之副业"①。受白银危机的影响，1932—1935 年，中国乡村手工业迅速崩溃。

例如，乡村纺织手工业普遍迅速崩溃。江西土布销量逐年减少的情形就是一个证明：1930 年销布 320 万疋，1931 年销布 290 万疋，1932 年销布 210 万疋，1933 年销布 200 万疋。1934 年，成都绫纱业织机，较畅销时减少 2/3。1935 年 1 月，四川隆昌县夏布行业失业工人达 167 000 人，失业而病死的达 5 000 人；南充绸厂由 20 余家减至 3~4 家。其他如景德镇的瓷业，1934 年，窑户每日开烧者只占七八年前的十分之一二，窑户由 4 000 户减至 1 000 户，工人由 10 万人减至三四万人，营业总额由 1 500 万元缩减至二三百万元。1932 年，白银危机发生前，福建连城县每年产纸 6 万担，每担约 50 元，至 1934 年，年产仅 1 万余担，每担价格反跌至 30 余元。② 可见制纸业同样迅速崩溃。同时，棉织业、面粉业等乡村重要手工业在这一时期也都急剧衰落。

据 1935 年各种副业的兴衰情况调查结果显示（见表 3-19），除帮佣、割柴草及兼营小商贩三项副业外，其余各种农村副业均呈现衰落趋势。又据 1936 年各地通讯，更了解这一时期农村副业衰落的真相。通过所举数例，可见一斑。在河北任邱县，纺织土布为农村主要副业，销售于山西省及邻近各县。白银危机发生后，既受洋布倾销影响，土布日趋没落；又因通货紧缩，物价暴跌，原本布店林立的县城，店铺倒闭殆尽，甚为萧条。在河北玉田县，乡村手工业以土布、苇席为主，白银危机时期因销场缺乏，致一落千丈。"昔日业者凡四五千户，今则不过数十户，工人大部失业离村"。又如河南省各县农民多在春冬农暇之时，兼营榨油、制粉条、纺织土布、编帽辫、编柳具、造纸、制大香、做纸炮等副业，借以补助家计。白银危机时期，外货大量倾销，

---

① 章有义. 中国近代农业史资料第三辑（1927—1937）[M]. 北京：生活·读书·新知三联书店，1957.

② 章有义. 中国近代农业史资料第三辑（1927—1937）[M]. 北京：生活·读书·新知三联书店，1957.

再加上物价狂跌，"影响所及，致农村副业日趋衰落，陷于不可收拾之状态"。①

表 3-19　　　　　1935 年各种农村副业兴衰情况的调查结果表

主要副业	报告次数（次）	从业之农家占总农家的百分比	近年来之兴衰
养蚕	1 228	10.4	衰
养蜂	1 088	3.5	衰
养鱼	651	5.0	衰
纺纱织布	1 750	23.9	衰
编草鞋草绳	862	7.3	衰
编织草帽辫	68	1.2	衰
制土砖	1 465	5.7	衰
帮佣	1 898	17.6	兴
割柴草	1 854	27.1	兴
兼营小商贩	2 295	15.1	兴
兼业木匠	2 085	7.5	衰
兼业裁缝	1 223	4.4	衰

资料来源：章有义. 中国近代农业史资料第三辑（1927—1937）[M]. 北京：生活·读书·新知三联书店，1957.

三、民族工业日益凋敝

1934 年以后，中国民族工业经历银根紧缩的艰辛，大概多数工厂大都资本不足，以银行贷款为营运资本，而 1934—1935 年的利率又过高，即使地位最优的工厂，也不得不限制其经常产量。中国民族工业与和他商业关系最多的钱业，都收缩放款，商家因此无法储集存货。因与洋货竞争，外汇放长，私运日增，国货迭受打击。故在 1935 年 11 月，法币改革施行以前，中国民族工业在白银危机的沉重打击下日益凋敝。本书选择最具代表性的纺织业与缫丝业分述于后。

（1）纺织业。1934 年，虽然华厂纱锭增加 105 341 枚，线锭增加 7 182

---

① 章有义. 中国近代农业史资料第三辑（1927—1937）[M]. 北京：生活·读书·新知三联书店，1957.

枚，布机增加 1 845 台，但是，纱线产量反较 1933 年减少 45 000 余包。至于棉布产量，亦较 1933 年减少 508 088 匹。大概因为 1934 年纱价的衰落，实所罕见：标纱市价比 1933 年平均下跌 13.2 元；比 1932 年下跌 43.5 元。而棉花成本，每担平均计价 43.75 元，较 1933 年增加 0.12 元。故资本较弱的厂无法维持，纷纷减产停工。1934 年上半年，全国开工锭数，总计 4 678 272 枚；停工锭数，计 1 224 267 枚。再看各厂存纱，"几达近年之最高额"。以上海市场的存纱情况为例，1934 年 2 月底总计 165 704 包，较 1933 年同期多 32 636 包；3 月底计 167 150 包，较 1932 年同期多 7 623 包。其后一面纱销稍畅，一面缩减生产，因之存纱渐少，但至 1934 年 11 月底，尚存 71 717 包。① 至 1935 年，"纱价异常低廉，6 月间标纱价格每包 158.9 元，实为 15 年来的最低记录"，大多工厂被迫陷于全部或局部停工的境地，"6 月末停工之锭，约占全体四成，嗣新棉上市，虽有多厂勉强复工，但至年终未开工的纺锭织机尚达 25%"。②

（2）缫丝业。1933 年年底，江、浙两省的 180 余家丝厂的 4 万余部缫丝车头，大半停顿。1934 年夏，丝价略高，原料尚贱，开工者始见增加，但多数仍存观望，静待时机。实际上，中国缫丝业在 1934 年"非特未见转机，抑且衰落更甚""惟因生丝市场，向在欧美；人造丝之竞争，与夫世界不景气，皆足减少生丝之销路；且日汇步跌，有利日丝之推销，更令华丝无法竞争"。1934 年，中国生丝出口量，约 33 000 担，较 1933 年减少 28%。1934 年，上海有 108 家厂，开工者不过 23 家；无锡有 50 家厂，开工者仅有 33 家；浙江全省只有 16 家厂开工；且多为临时集资租厂代缫的性质，时作时辍；而四川、山东、广东各丝厂，亦复衰敝异常。四川丝厂分铁机与木机两种：1933 年，铁机丝厂尚余 19 家，1934 年上半年尚存 11 家，年底则全停顿矣！木机丝厂规模较小，大都散于农家，无从统计。山东丝厂，亦有铁机、木机之分，惟铁机丝厂寥寥无几，木机散布四乡，皆系家庭工业，在危机中日益衰落；1934 年，虽经该省建设厅劝导组织制丝合作社，并改良技术，已较前进步，但依旧很不景气。至于广东丝厂，1934 年开工者仅 50 余家，较其全盛时期减少 2/3。③ 至1935 年，年初丝价更加低廉，缫丝业衰落更甚，"但至 6 月国外需要增加，价

① 陈真，姚洛. 中国近代工业史资料（第一辑）［M］. 北京：生活·读书·新知三联书店，1957.

② 陈真，姚洛. 中国近代工业史资料（第一辑）［M］. 北京：生活·读书·新知二联书店，1957.

③ 陈真，姚洛. 中国近代工业史资料（第一辑）［M］. 北京：生活·读书·新知三联书店，1957.

遂上涨，至 11 月竟开近数年来之新纪录"。1935 年一年之中，丝价自最低的每担 380 元，一跃而至 700 元以上。1935 年，中国缫丝厂开工者约 300 家，缫丝车计 123 000 架，但随市况及丝价变动而时有增减。即以江浙两省而论，年初开工者约 20 家，但自 6 月以后即逐渐增加，至 10 月，开工者已达 94 家，缫丝车达 24 000 架。①

四、商业日益萧条

1932—1935 年，国际银价持续上涨，中国因实行银本位制而深陷白银危机之中。银价贵则中国的外汇上涨（如表 3-20 所示），妨碍中国商品的出口。而出口不振，就影响到农工商业，全中国人的购买力减少，进而导致中国的进口贸易及国内贸易日益萧条。如表 3-21 所示，1932 年以后，中国出口贸易值迅速下降，与此同时，进口贸易值同样有所减少。又如表 3-22 所示，这一时期，中国各地商店的营业状况相当糟糕，由此可见，国内商业贸易日益萧条。以上海为例，如表 3-23 和 3-24 所示，1934 年和 1935 年，上海商业严重萧条，平均每月有 30~40 家商业企业破产停业，更有上百家商业企业重新改组；1934 年，上海商业企业倒闭总数为 254 家，1935 年，上海倒闭的商业企业总数更是多至 469 家，直至 1936 年都没有恢复元气。

表 3-20 1932—1935 年上海对英美汇价表

时期	对纽约（国币百元合美元）	对伦敦（国币一元合便士）
1932 年平均	21.487	14.766
1933 年平均	26.109	14.824
1934 年平均	33.782	16.096
1934 年 1 月	33.500	16.000
1934 年 2 月	33.966	16.216
1934 年 3 月	34.250	16.125
1934 年 4 月	33.964	15.807
1934 年 5 月	32.216	15.139
1934 年 6 月	32.760	15.575

---

① 陈真，姚洛. 中国近代工业史资料（第一辑）[M]. 北京：生活·读书·新知三联书店，1957.

表3-20(续)

时期	对纽约（国币百元合美元）	对伦敦（国币一元合便士）
1934 年 7 月	33.651	16.016
1934 年 8 月	34.663	16.399
1934 年 9 月	35.278	16.948
1934 年 10 月	34.391	16.697
1934 年 11 月	33.043	15.889
1934 年 12 月	33.700	16.342
1935 年 1 月	34.507	16.937
1935 年 2 月	36.122	17.778
1935 年 3 月	38.000	19.085
1935 年 4 月	38.505	19.109

资料来源：郑允恭. 银价腾贵与中国 [J]. 东方杂志，1935（32），13.

表 3-21　1927—1935 年中国进出口贸易情况表（除去东三省对外贸易）

单位：百万元

年份（年）	进口	出口	入超
1927	1 298	980	318
1928	1 530	1 047	483
1929	1 620	1 070	550
1930	1 723	944	779
1931	2 002	915	1 087
1932	1 524	569	955
1933	1 345	612	733
1934	1 030	535	495
1935	919	576	343

资料来源：耿爱德. 一九三五年白银潮流中之中国经济状态 [J]. 交行通信，1936（8），5.

表 3-22 1930—1935 年中国各省商店营业状况占平常年的百分比表

省别	有报告之次数（次）	1930 年	1931 年	1932 年	1933 年	1934 年	1935 年
察哈尔	17	53	51	55	48	49	49
绥远	18	54	59	59	58	56	49
宁夏	7	35	60	63	49	43	28
青海	14	66	61	51	44	38	39
甘肃	37	40	38	41	45	48	54
陕西	120	44	47	49	55	63	60
山西	197	63	58	54	54	56	52
河北	498	65	64	59	53	52	47
山东	263	60	61	57	58	54	47
江苏	209	78	68	65	61	55	51
安徽	106	79	61	59	60	52	48
河南	232	57	57	60	63	63	51
湖北	59	57	49	48	51	46	46
四川	112	67	63	60	54	46	38
云南	17	58	56	54	49	49	41
贵州	22	62	61	50	42	32	35
湖南	73	74	77	70	63	55	45
江西	54	61	62	76	61	50	41
浙江	115	73	73	67	69	48	37
福建	51	79	76	65	59	49	41
广东	88	76	75	69	60	51	43
广西	68	62	61	59	55	50	45
总计	2 377	62	61	59	55	50	45

资料来源：章有义. 中国近代农业史资料第三辑（1927—1937）[M]. 蔡静仪，译. 北京：生活·读书·新知三联书店，1957.

表 3-23   1933—1935 年上海的商业倒闭和改组情况表

单位：家

年代	破产停业数（每月平均数）	改组数（每月平均数）
1933 年	17.83	5.08
1934 年	30.53	107.50
1935 年 1～6 月	41.67	155.17

资料来源：帕克斯·M·小科布尔. 上海资本家与国民政府（1927—1937）［M］. 蔡静仪，译. 北京：中国社会科学出版社，1988.

表 3-24   1934—1936 年上海商业倒闭分布情况表

单位：家

年代（年）	倒闭总数	工厂	商业企业	银行及金融企业	不动产及基建业
1934	510	83	254	44	6
1935	1 065	218	469	104	12
1936	784	134	347	49	8

资料来源：帕克斯·M·小科布尔. 上海资本家与国民政府（1927—1937）［M］. 蔡静仪，译. 北京：中国社会科学出版社，1988.

第三节　中国金融危机滞后于世界经济危机的原因

从货币制度角度进行分析，才能清楚白银的涨跌在中国有什么后果。白银在中国是货币，充当价值手段，而在西方多数国家，因为货币制度实行的是金本位，白银并非货币，而是商品，如英、美皆如此。1929 年春开始，国际银价持续下降。到 1931 年 9 月，纽约银价下降了 51.1%，伦敦下降了 50.5%。在金本位国家，白银是商品而非货币，白银也会随其他商品一并下降，因为短期价格波动频繁，白银价格甚至可能比同时期其他商品下降得更为严重。相比之下，在以白银为货币的国家，银价下跌导致了商品价格的上涨。中国在 1929—1931 年的情形就是如此。《上海商品价格年度报告》指出，中国当时的物价上涨了 21.2%，而美国、英国、日本和法国的物价却在下跌。这时，大量的白银从国外运输到中国，用来出售，以换取外汇，从而获取利润。

以上海为例，1929 年的中外银行存银总量约为 26 801.9 万元，1933 年为

50 843.0 万元，① 增加了 89.7%。由于中国对外贸易的特殊传统和结构，大多数出口商品价格不能迅速反映白银价格跌落的程度；以白银计算的进口商品价格的上涨幅度也可能没有像银价跌落的幅度那么大；与外贸有密切关系的外国在华银行凭借自由输入和运出金银的特权趁机大量输入白银牟利，输入的白银可以成为在当地扩大信用的基础，同时金贵银贱的比价使得外资在中国所获得的利润也就少汇或不再汇回其母国而留在中国扩大投资。所以中国的资本市场，受到白银对黄金比价下跌的刺激，出现了一种"特殊的繁荣"——有效货币需求扩大，信用扩张，利率水平下降，许多行业还有一定的利润。

当白银汇率比其他商品价格下降得更快的时候，意味着中国进口价格上升，劳动力成本相对世界水平降低。向中国输入商品越来越难。同时，当银价下降时，中国的资本出口也没有利润产生。相反，由于白银汇率下降，白银的利息和红利提高。然而，滞留中国的资本被用于投资只是暂时的，一旦汇款更为有利就会停止。汇出国外汇款的减缓只是临时提供了一种信贷来源，但随着时间的推移，它也增加了中国汇率的不稳定性，因为资本随时可能会撤出中国。② 当然，这种经济景气是十分脆弱的，但这种金融现象的出现却防止了资本主义世界经济危机的立即到来。

而在 1931 年之前，由于白银的流入，货币供应量不断增加，中国呈现的是温和的通货膨胀状态，这对中国经济的发展是有利的。而 1931 年 9 月之后，随着各国相继放弃金本位，白银相对外币升值，白银开始外流，但速度较慢，直到 1934 年，美国白银政策实施后，中国白银外流的速度明显加快，中国由温和的通货膨胀变为通货紧缩，中国的金融危机则全面爆发了。

1929 年开始，世界资本主义体系发生了严重的经济危机。而中国则在 1934 年 6 月之后，才爆发了金融危机。

---

① 中国人民银行总行参事室. 中华民国货币史资料（第二辑）[M]. 上海：上海人民出版社，1991.

② 柯宗飞. 白银行情 [J]. 金融与商业，1935（25），11：296-297.

第四章　金融危机前后政府的金融措施

金融危机的发生原因复杂，但因其破坏力巨大，对金融危机的预防和治理非常重要。中国近代金融业发展不健全，中央银行迟迟不能履行其发行和管理货币的职能，政府则努力对金融业进行统制，并在金融危机发生后，充当最后贷款人角色，积极应对。

第一节　金融危机前政府实施全国性金融统制

中国金融业由于货币制度的紊乱，加上世界经济危机的冲击，已经出现了致命的、不可逾越的问题，并且已经引起了政府和学术界的密切关注，中国政府面临着迫在眉睫的金融改革问题。

1927 年，南京国民政府成立以后，致力于全国统一事业，认识到金融业在国民经济和国家机器中的特殊地位。国民政府一成立，就着手加强对金融业的管理和控制。

1927 年，金融监理局成立，隶属财政部，专门负责监理全国"金融行政上一切事宜"。金融监理局下设三课：一课职掌审核银行章程及条例、检查银行业务及财产、监察银行纸币发行及准备，以及银行"其他一切事物"；二课职掌审核交易所、保险公司、信托公司、储蓄公司、储蓄会等机构业务，检查其财产，征收交易所得税，以及"其他一切事项"；三课职掌、厘定一切金融法规及章程，调查国内外金融状况，进行金融各项统计等。[①] 1927 年 11 月 28日公布的《金融监理局检查章程》载明，该局"有检查全国各金融机关之权责"，检查范围和内容包括各金融机构"一切业务及财产事项"、银行纸币及

[①]　中国第二历史档案馆. 中华民国史档案资料汇编（第五辑）[M]. 南京：江苏古籍出版社，2010.

流通券的"发行及准备事项"。①

然而，由于金融监理局成立后，全国银行和金融机构的业务活动和财产受到了国民政府的控制，金融机构对其的反对呼声愈发强烈。1927年11月11日，金融监理局向中国银行发布训令，由财政部指派一名监理官"监视中国银行一切事物"，随时检查"各种簿记及金库，每星期至少一次"。同时"监理官得请银行编制各种表册及营业账略"等。交通银行也接收到内容一样的训令。但训令遭到中国银行、交通银行的抵制。上海银行业联合会和上海银行公会还开会决议，任何机关，如向会内银行查账，"非经本会大会通过，不得任意检查"。② 之后，国民政府无法控制设在租界内的华资银行和其他金融机构，对军阀控制的的地区也无能为力，金融监管局只得于1928年8月裁撤。

1928年6月，南京国民政府召集私人企业家和财政专家在上海举行全国经济会议；同年7月又召集中央及地方掌管财政的各级官员在南京举行全国财政会议。在这两个会议上，与会代表深入探讨了财政收支、金融统一、币制整理、债务信用、税务改革、贸易管理等重大问题，并在整理财政大纲、确定币制方针、发展银行业务等方面达成共识，还专门就"废两改元"及建设国家银行两大项目进行立案决议。③

一、筹建中央银行

在南京国民政府成立中央银行之前，于1924年8月和1927年1月分别在广州、武汉，均成立过中央银行。

1924年秋，广东革命政府创办中央银行，目的是"调剂国内金融，补救国民经济"，树立信用，发行纸币，以支持革命活动。拟定中央银行章程，将资本定为1 000万元，从募集外债充之。总行设置于广州，各省会、商埠设立分支行。规定可经营的业务有7项，政府授予其特权4项。

而在当时的社会环境下，筹集资本1 000万元十分困难，主要是一切税收均须用中央银行纸币，因而缴纳税款者必须以现金向该行换取钞票，以推动钞票的流通并维持信用。当时广东币制十分紊乱，多使用毫券，该行发行钞票均

---

① 中国第二历史档案馆. 中华民国史档案资料汇编（第五辑）［M］. 南京：江苏古籍出版社，1994.

② 中国第二历史档案馆. 中华民国史档案资料汇编（第五辑）［M］. 南京：江苏古籍出版社，1994.

③ 中国人民银行总行参事室. 中华民国货币史资料（第二辑）［M］. 上海：上海人民出版社，1991.

以毫洋为单位。1928 年，南京国民政府的中央银行成立之后，广州中央银行改组为广东省银行，其之前发行的钞票由改组后的广东省银行全部收兑。

国民革命军北伐到达武汉后，于 1927 年 1 月 20 日设立中央银行汉口分行。汉口中央银行开业后，即发行印有"汉口"字样的钞票。

1928 年 10 月 5 日，国民政府召开第九十九次会议，通过《中央银行条例》及《民国十七年金融短期公债条例》。财政当局随即积极筹备中央银行开业，并决定于金融短期公债内拨 2 000 万元为该行资本。国民政府授予中央银行发行兑换券、铸造及发行国币、经理国库、募集或经理国内外公债事务的特权。中央银行还可以办理票据贴现或重贴现、办理汇兑及发行期票、买卖生金银及各国货币、收受各项存款及发放借款、代理收解各种款项等各项业务。同年 11 月，中央银行开始营业，拟发行各项兑换券计 1 元、5 元、10 元、50 元、100 元 5 种，国民政府随即下令"着京内外各机关，转行所属征收交通各机关，并布告商民一体知悉。对于此项兑换券须与现金一律行使通用，以重币政，而利金融"。① 中央银行的总行设在上海，在南京及各主要城市设立分行。中央银行最主要的职责是充当国民政府的财务代理人。但是，因经营有方，中央银行从一开始就稳步前进，取得了公众的信任，具有成为货币改革主力的潜力。

二、限制和取缔地方银行、商业行庄发行纸币

由于各省市的钱庄票号利用可以通过兑换银元、铜元和制钱的纸币的发行进行盈利，而这类纸币的发行，并没有经过正规的程序，其发行准备和发行数目情况都无处可查。一旦发行机构出现危机甚至倒闭，必然会危害当地金融体系，从而引发危机。1929 年 1 月 3 日，财政部发布公告，即自布告之日起，取缔地方钱庄、商号私发纸币。对于已经发行纸币的机构，给予其 1 个月的期限将发行准备和发行数量查清并申报给地方政府，并转报财政部核定，分期限令其收回。②

1929 年 2 月，江苏省银行的发钞权被撤销。财政部令所有该行库存未发及发行后收回的各种钞券，应先行交缴财政部销毁，其发行在外流通的钞券，

---

① 中国人民银行总行参事室. 中华民国货币史资料第二辑（1924—1949）[M]. 上海：上海人民出版社，1991.

② 中国人民银行总行参事室. 中华民国货币史资料第二辑（1924—1949）[M]. 上海：上海人民出版社，1991.

限于 3 个月内收回汇缴。① 同年 8 月，财政部令各华商银行定印钞票应报部门核准。1930 年，财政部拟定统一全国币制计划：①先将各民营银行所发纸币及兑换券限最短期内一律收回。②由省市中央银行发行钞票及零洋兑换券，并推行于各县。③完全以元为单位。④各省中央银行钞票无论流通到何省，均全部兑现。⑤铜元一律按十进制，以当十为单位。所有复数铜元，一律收回改铸，并由各省分期实行。②

1931 年 8 月 1 日，财政部颁布《银行兑换券发行税法》，又于 1932 年 10 月 29 日修正并公布，"国民政府特许发行兑换券之银行，应依本法，完纳兑换券发行税"。此法规定："兑换券发行税不分银圆券辅币券，一律完纳；银行发行兑换券应具十足保证金，至少以六成为现金准备，余为保证准备，其现金准备部分免征发行税；兑换券发行税税率，依实际保证准备数额，定为1.25%。"③ 这样一来，各发行银行发行纸币数量大大减少，而中央银行的货币发行权力得以巩固。

三、"废两改元"的成功实施

（一）确定"废两改元"的实施机构

早在北洋军阀政府时期，一些工商、金融团体就开始倡议"废两改元"，但由于当时不具备实施条件，"废两改元"没有响应。南京国民政府成立之初，"废两改元"问题即被提上议程。1928 年，南京国民政府制定《国币条例草案》，规定"国币之铸发权属于国民政府"④，即国币银元的铸造权和发行权均属于南京国民政府。但这两项权利的真正行使与运作，还需要有专门的机构，即必须迅速筹建中央银行和中央造币厂。所以，当浙江省政府于 1928 年 3 月 21 日上呈国民政府"统一国币应先实行废两改元案"时，财政部在 4 月 23 日的"复呈"中指出，"废两改元"事关重大，"恐非专恃行政手段所能实施

---

① 中国人民银行总行参事室.中华民国货币史资料第二辑（1924—1949）[M].上海：上海人民出版社，1991.

② 中国人民银行总行参事室.中华民国货币史资料第二辑（1924—1949）[M].上海：上海人民出版社，1991.

③ 中国人民银行总行参事室.中华民国货币史资料第二辑（1924—1949）[M].上海：上海人民出版社，1991.

④ 中国第二历史档案馆.中华民国金融法规档案资料选编（上）[M].北京：中国档案出版社，1989.

无碍"①"须待金融机关完全设备，银币流通足敷应用，然后实行"②。

1928 年 11 月 1 日，中央银行在上海成立。据《中央银行条例》（1928 年 10 月 5 日）规定，中央银行拥有铸造及发行国币的特权。但是，后来真正执行国币铸造权的是中央造币厂。因此，1935 年通过的《中央银行法》对此进行了修正，只赋予中央银行国币发行权。中央银行的成立与迅速营业，是"废两改元"得以成功实施的首要条件。

中央造币厂的前身是上海造币厂。1920 年，在银价高涨和银元缺乏的货币危机的推动下和上海金融界的提议下，北京政府同意并开始筹建上海造币厂。但因经费不足等原因，上海造币厂的筹建工作一直处于停滞状态。1927 年，南京国民政府财政部着手恢复重建上海造币厂。1928 年，上海造币厂改名为中央造币厂。同年，为统一币制，南京国民政府通知其他各省造币厂一律停铸。③ 1929 年 4 月 10 日，南京国民政府公布《中央造币厂组织规程》，规定"中央造币厂直隶于财政部，掌理国币之铸造、销毁及生金银之精炼、分析事项"④，即赋予中央造币厂铸造国币的特权。1932 年，中央造币厂的建造工事次第完竣。1933 年 3 月 1 日，中央造币厂奉令正式开铸。⑤ 1933 年 3 月 8 日，南京国民政府公布《银本位币铸造条例》，明确规定"银本位币之铸造，专属于中央造币厂"⑥。中央造币厂设备先进，制度完善，其铸造的银本位币信用优良，故中央造币厂的成功建厂与顺利开铸，也是"废两改元"得以实施成功的重要条件。

简而言之，南京国民政府财政部是"废两改元"的策划机构和直接领导，一切重要的法令均由其制定或颁行；中央银行是此次货币改革的主要执行机构，独享国币发行权；中央造币厂负责铸造银币，具有唯一铸造国币的权力。中央银行向中央造币厂提供造币所需的银类，中央造币厂将所铸新币解送中央银行发行。

---

① 中国第二历史档案馆. 国民党政府"废两改元"案 [J]. 历史档案，1982，1.

② 中国人民银行总行参事室. 中华民国货币史资料第二辑（1924—1949）[M]. 上海：上海人民出版社，1991.

③ 石涛. 废两改元实施经过考论 [J]. 中国钱币，2009，4.

④ 中国第二历史档案馆. 中华民国金融法规档案资料选编（上）[M]. 北京：中国档案出版社，1989.

⑤ 张伟琴，孔维文. 论废两改元 [J]. 中国钱币，2002，4.

⑥ 中国人民银行总行参事室. 中华民国货币史资料第二辑（1924—1949）[M]. 上海：上海人民出版社，1993.

（二）"废两改元"在上海试行效果欠佳

1932年7月，由财政部长宋子文召集的银钱业代表座谈会在上海顺利召开，并达成了实行"废两改元"的三点共识：①废除银两，采用银元制度以统一币制；②仍准使用旧银元；③法定重量决定后，即开始铸造新币。财政部的"废两改元"研究委员会随即成立，专门负责研究并拟订具体实施办法。[①] 1933年3月2日，财政部通令："为准备废两，先从上海实施，特规定上海市面通用银两与银本位币一元，或旧有一元银币之合原定重量成色者，以规元七钱一分五厘合银元一元为一定之换算率，并自本年3月10日起施行。"[②] 同年3月7日，财政部委托中央、中国、交通三银行组成上海银元银两兑换管理委员会，自同年3月10日起，按照财政部规定的兑换率，"管理上海市面原有的银两与通用的银元兑换事宜"[③]。同年3月8日，上海钱业公会议公布《银洋并用办法》；南京国民政府公布《银本位币铸造条例》，该条例规定，"银本位币定名曰元，总重26.697 1公分，银八八，铜一二，即含纯银23.493 448公分""银本位币1元等于100分，1分等于10厘""凡公私款项及一切交易用银本位币授受，其用数每次均无限制""旧有之一元银币，合原定重量成色者，在一定期限内，得与银本位币同样行使"[④] 等。

1933年3月10日，南京国民政府开始在上海试行"废两改元"。从这一天开始，上海市的一切交易，一律用银元计算，不得再用银两。但在过渡期内，可以以银两兑换银元，也可以以银元兑换银两。所有公私款项、债权债务、各种税收及一切交易，虽不一定以银元收付，但必须按法定换算率折算为银元计算。[⑤] 南京国民政府原计划于同年7月1日在全国范围内实行"废两改元"，但是，上海"废两改元"的试行情况远远没有达到政府当局的预期效果。国民政府原本以为在上海试行"废两改元"期间，上海的银元需求会与日俱增，而持银两向委员会兑换银元者，理应较多。但是，实际情况却恰恰相反，以银元兑换银两者，反而较多。1933年，上海银元银两兑换管理委员会自3月10日至4月5日，共兑换银元2 031 158.03元，兑入银元63 449 030.99

① 陈新余. "废两改元"：近代化的转型及作用 [J]. 常州工学院学报，2007，5.
② 中国人民银行总行参事室. 中华民国货币史资料第二辑（1924—1949）[M]. 上海：上海人民出版社，1993.
③ 中国第二历史档案馆. 中华民国史档案资料汇编第五辑 [M]. 南京：江苏古籍出版社，1991.
④ 中国人民银行总行参事室. 中华民国货币史资料第二辑（1924—1949）[M]. 上海：上海人民出版社，1991.
⑤ 石涛. 废两改元实施经过考论 [J]. 中国钱币，2009，4.

元，净兑入银元 61 417 872.96 元。[①] 面对"自两元并交实行以来""以定价较高""无罚则之规定""厂条未出""一部分金融业仍不免抱观望态度，争以银元兑换银两""废两改元成废洋改两之局"[②] 的形势，南京国民政府果断做出提前在全国范围内推行"废两改元"的决定。

（三）"废两改元"在全国范围内成功实施

1933 年 4 月 5 日，财政部发布公告，自 1933 年 4 月 6 日起，在全国范围内推行"废两改元"，"所有公私款项之收付与订立契约、票据及一切交易，须一律改用银币，不得再用银两。其在是日（1933 年 4 月 6 日）以前原订以银两为收付者，在上海应以规元银七钱一分五厘折合银币一元为标准，概以银币收付。如在上海以外各地方，应按四月五日申汇行市先行折合规元，再以规元七钱一分五厘折合银币一元为标准，概以银币收付。其在是日（1933 年 4 月 6 日）以后新立契约票据与公私款项之收付及一切交易而仍用银两者在法律上无效。至持有银两者，得依照银本位铸造条例之规定，请求中央造币厂代铸银币，或送交就地中央、中国、交通三银行兑换银币行使，以资便利"[③]。

"废两改元"在全国范围内推行之初，摆在南京国民政府面前的首要问题是增加银币发行量，并做好将所有银两都换成银元的准备工作。据日本正金银行 1933 年 4 月 18 日的调查结果显示，当时上海的银两总额为 1.5 亿两左右，其中外商银行保存的银两达 1.1 亿两；而当时上海的银元总额是 2.4 亿元左右，其中外商银行的银元库存额只有 0.4 亿元，华商银行的银元库存量为 2 亿元。[④] 而当时中国铸造银币的数量相当有限，1933 年 3 至 6 月，中央造币厂每日所铸银币仅数万元，其数量实在太少。[⑤] 于是外国在华银行质疑中国方面，即若外商银行所存银两，能否在需要时随时兑换为银元。在此情况下，虽然外商银行的外汇牌价，自同年 4 月 10 日开始，仿效上海，由两单位改为银元单位。同时，一般商人在外商银行签订的汇兑合同，也从同年 4 月 10 日起改为银元单位。但是，"外商银行则待中国方面能够保证做到，将银两兑换为银元时为止，1933 年 4 月 18 日前后仍未彻底'废两改元'（还保留着两种清算形

---

① 陈新余. "废两改元"：近代化的转型及作用 [J]. 常州工学院学报，2007，5.

② 中国人民银行总行参事室. 中华民国货币史资料第二辑（1924—1949）[M]. 上海：上海人民出版社，1991.

③ 中国人民银行总行参事室. 中华民国货币史资料第二辑（1924—1949）[M]. 上海：上海人民出版社，1991.

④ 中国人民银行总行参事室. 中华民国货币史资料第二辑（1924—1949）[M]. 上海：上海人民出版社，1991.

⑤ 石涛. 废两改元实施经过考论 [J]. 中国钱币，2009，4.

式的存款、放款以及汇兑业务等），采取观望的态度"①。再加上"废两改元"开始在全国范围内实施之后，各地兑换机关未能迅速成立，如汉口"遵令用元业已六日，惟兑换机关尚未成立，市面银两滞积，窒碍甚多"②。天津中央、中国、交通三银行组织的银两兑换银元委员会于 1933 年 5 月 8 日才成立。由此可见，"废两改元"在全国范围内实行初期，因造币数量有限影响了银两兑换银元的速度，效果欠佳。1933 年 6 月，"田赋为地方收入之宗，现仍多按两、石折合计算"③。1933 年 10 月，上海银炉公会在致上海银行公会的函中称，上海"银钱两业现银积存，流通阻滞，实足以影响金融"④。

为改变这一僵局，尽快满足兑换的需要，中央造币厂采取了一系列措施，增加银币铸造量。1933 年 6 月底，中央造币厂每日铸银元数已达 20 万元以上。⑤ 1934 年，中央造币厂每月铸造银元数量已达七八百万元。⑥ 另外，为应付大额收解之需要，1933 年 8 月 24 日，中央造币厂正式奉令开铸九九九厂条。"初因开铸伊始，银钱界尚未普遍委托代铸，经厂方先后向银钱业分头接洽，各银行钱庄送请铸造厂条者，始日形踊跃"⑦。但是，当时中国"可供铸造之银类，成色至为复杂。炼铸九九九厂条，费时费工，铸数尚不能充分增多，而市面情形，又需要厂条颇切"⑧。又中央造币厂缺乏铸造九九九厂条需要精炼的设备，精炼厂一时无法设立。所以，中央造币厂审查委员会向财政部提议铸造八八零千元厂条，以适应社会需要。1933 年 9 月，行政院通过该建议，并将八八零厂条定为乙种厂条。1933 年 10 月 21 日，行政院将《银本位币铸造条例》第十二条修正为："中央造币厂得铸厂条，分为甲乙两种。甲种重 23 493.448 公分，成色为 999‰。乙种重量 26 697.1 公分，银八八〇，铜一二〇，

① 中国人民银行总行参事室. 中华民国货币史资料第二辑（1924—1949）[M]. 上海：上海人民出版社，1991.

② 中国第二历史档案馆. 中华民国史档案资料汇编第五辑 [M]. 南京：江苏古籍出版社，1991.

③ 中国人民银行总行参事室. 中华民国货币史资料第二辑（1924—1949）[M]. 上海：上海人民出版社，1991.

④ 何品. 上海银行公会往来函电选：废两改元（二）[J]. 档案与史学，2002，4.

⑤ 中国人民银行总行参事室. 中华民国货币史资料第二辑（1924—1949）[M]. 上海：上海人民出版社，1993.

⑥ 石涛. 废两改元实施经过考论 [J]. 中国钱币，2009，4.

⑦ 佚名. 中央造币厂铸造厂条 [J]. 中央银行月报，1933（2），11.

⑧ 中国第二历史档案馆. 中华民国史档案资料汇编第五辑 [M]. 南京：江苏古籍出版社，1991.

合银本位币 1 000 元，均于其面标记之。"① 1933 年 11 月，中央造币厂正式开铸乙种厂条，甲乙两种厂条相辅而行。12 月 23 日，财政部长孔祥熙训令中央造币厂：为适应市面之需要，定于 1934 年 1 月 1 日正式发行甲、乙两种厂条。"惟乙种厂条，原为便利银钱业同业间收解之用，不适用于私人之收受，以示限制"②。1934 年 1 月 1 日以后，中国货币市场"于银本位币之外，复以两种厂条，金融之周转，益臻灵活"③。自 1933 年 3 月至 1935 年 6 月，中央造币厂共铸银币 132 586 398 银元，共铸甲种厂条 3 621 条，总价值 3 621 000 银元，共铸乙种厂条 51 740 条，总价值 51 740 000 银元。④ 中央造币厂严格遵守法定标准，所铸银币成色重量准确划一，深受中外商民信任，为"废两改元"的顺利实施提供了基本保障。

与此同时，中央银行在"废两改元"的实施过程中，承担了主要的兑换任务。"废两改元"正式在全国范围内实施后，拥有大量库存白银的中外银钱业，并没有迅速将白银交出兑换银元。在上海金融市场上，宝银虽然已经不能流通，但银钱业仍多以此为库存准备金。财政部"虽曾一再明令废两，但各方面仍有沿习旧制，未全废除。其根本原因在于库存现银尚未变更，实与改革币制大有阻碍"。因此，"财政部为彻底废除银两计，非将此项存库宝银改铸本位银币不可"⑤。1933 年 10 月 26 日，财政部致函中央银行，并请其转函上海中外银钱业行庄，限其一个月内将所存宝银数目报告中央银行，再由中央银行汇齐转报财政部登记，财政部派员查验明确后，准其按七五折向中央银行兑取本位银币。1933 年 12 月 14 日，中央银行将此令函告上海华商银钱业两公会及洋商银行公会，请其转告在会银行并"自函到后一个月内将所存宝银数目函报本行，以便汇转财政部"。1933 年 12 月 19 日，中央银行再次致函银钱业公会，要求其将 1933 年 4 月 6 日及 12 月 15 日所存宝银数目"分别函报本行，以凭汇转"。⑥ 1933 年 12 月 19 日，财政部亦训令上海银钱两业，"限于一个月

① 中国人民银行总行参事室. 中华民国货币史资料第二辑（1924—1949）[M]. 上海：上海人民出版社，1991.

② 中国第二历史档案馆. 中华民国史档案资料汇编第五辑 [M]. 南京：江苏古籍出版社，1991.

③ 中国第二历史档案馆. 中华民国史档案资料汇编第五辑 [M]. 南京：江苏古籍出版社，1991.

④ 中国人民银行总行参事室. 中华民国货币史资料，第二辑（1924—1949）[M]. 上海：上海人民出版社，1991.

⑤ 佚名. 财政部令上海银钱业限期交纳宝银 [J]. 银行周报，1933（17），50.

⑥ 石涛. 废两改元实施经过考论 [J]. 中国钱币，2009（4）.

内，将所有存库宝银，缴纳中央银行，依照规定换算率，兑取银元，期满以后，不得再用宝银做准备金之用。中央造币厂已另行鼓铸一种千元银条，每银元一千，换兑一条，可作为各行庄准备金之用"。① 财政部的这一规定无异于釜底抽薪，由于白银再也不能作为准备金，银钱业不得不将白银兑换成银元。银钱业公会也迅速将各自会员库存宝银数量函报中央银行。截至 1933 年 12 月15 日，上海各中外行庄库存宝银汇总金额共计 146 218 801.16 两。② 1934 年 3 月 15 日，中央银行开始第一次在上海登记兑换宝银，此后每月 15 日兑换一次，每月兑换数目以中央造币厂 1 月之内的铸币总数，按登记成数比例分摊。1934 年 3 月至 1935 年 10 月，中央银行进行兑换共计 18 次。其中，1934 年 7 月间，中央造币厂修理机器，停止铸币 1 个月，8 月相应暂停兑换一次。1935年七八月合并兑换一次。③

总之，在南京国民政府财政部、中央银行和中央造币厂的紧密合作下，"废两改元"得以在全国范围内顺利实施。到 1933 年年底，中国金融市场呈现相对稳定的态势，"废两改元"遂告成功。

事实上，近代中国大宗国内贸易、所有进出口贸易和国内外汇兑使用银两，日常对内小额收付、零星买卖使用制钱、铜元、银元、银角等之间的换算繁琐，加之各地货币和度量衡不统一，银两、银元形制各异，造成国内外贸易往来极为不便，严重束缚了近代中国的经济发展。民间"废两改元"的呼声由来已久，但直至南京国民政府成立以后，1932 年中国货币危机进一步恶化之时，南京国民政府才于 1933 年下定决心实行"废两改元"，统一全国货币流通，以新铸银元逐步取代银两和旧银元。自 1933 年 3 月 10 日起，"废两改元"首先在上海试行。1933 年 4 月 6 日以后，南京国民政府正式在全国范围内推行"废两改元"，并在财政部、中央银行和中央造币厂的紧密合作下，最后取得成功。

"废两改元"是中国币制史上的一次具有进步意义的货币改革，它结束了中国长久以来的传统的称量货币制度的历史，确立了新的更加完善的银本位制度。"废两改元"的成功实施，有力地推动了中国传统金融体系向现代转型。从此以后，新兴银行业逐步取代旧式银钱业，日益发展成为中国最主要的金融

---

① 中国人民银行总行参事室. 中华民国货币史资料第二辑（1924—1949）[M]. 上海：上海人民出版社，1993.

② 中国人民银行总行参事室. 中华民国货币史资料第二辑（1924—1949）[M]. 上海：上海人民出版社，1991.

③ 石涛. 废两改元实施经过考论 [J]. 中国钱币，2009，4.

事业。南京国民政府通过成功推行"废两改元",初步整顿了国内混乱不堪的货币流通秩序,扩大了银元的流通范围,"完成了对于币制的一次真正而有用的简化工作"①,从而为其后取得法币改革的成功奠定了良好的基础。

第二节　金融危机发生后国民政府的金融措施

美国白银政策是中国金融危机爆发的推手,而在金融危机爆发前,中国政府对美国白银政策的态度比较矛盾。中国政府官员明白世界银价上升会对中国造成不良影响,但是由于日本的侵略,政府面临巨大压力,所以想通过外交取得美国的支持,所以政府和民间对于美国白银政策的出台的态度有很大出入。

宋子文代表中国出席世界经济会议,原本反对提高银价,提倡稳定银价,但是在会议中他却明确表态愿意配合美国白银派参议院毕德门关于提高世界银价的主张。其做法表明了其亲美的态度,目的是为了取得美国经济或政治上的支持来抵御日本的侵略。②

孔祥熙在白银协定上签字前,曾致电美国,要求其考虑中国的实际情况,控制银价的涨跌幅度,不宜过大。1933 年 10 月,宋子文辞职后,孔祥熙重申南京政府支持美国稳定白银价格,并希望美国在改变银价时通知中国。③

直到 1934 年 8 月,上海已经陷入经济危机,国民政府对于美国白银政策的态度开始转变,积极应对美白银政策给中国带来的问题。

一、控制白银外流

（一）征收出口税和平衡税

1934 年 7 月,美国实行高价收购白银后,世界市场银价随即高涨,在华外国银行纷纷出口销售白银,到当年 10 月中旬,此项外运白银已达 2 亿元。④巨额白银外流,造成市场支付筹码匮乏、金融枯竭、百业凋敝、物价日益低落,严重损害了金融稳定,影响了国计民生的大局。当年 10 月间,全国商会

---

① 阿瑟·恩·杨格. 1927—1937 年中国财政经济情况 [M]. 陈泽宪, 译. 中国社会科学出版社, 1981.

② 迈克尔·罗素. 院外集团与美国东亚政策 [M]. 郑会欣, 译. 上海: 复旦大学出版社, 1993.

③ 迈克尔·罗素. 院外集团与美国东亚政策 [M]. 郑会欣, 译. 上海: 复旦大学出版社, 1993.

④ 洪葭管. 中央银行史料 [M]. 北京: 中国金融出版社, 2005.

联合会、上海市商会、上海市银行公会、上海市钱业公会联名签呈财政部长孔祥熙，呼吁政府重视此种危险景象，要求设法防止白银外流。当年 10 月 15 日，财政部呈报行政院，决定征收白银出口税和平衡税。出口税税率为：银本位币及中央造币厂厂条，征出口税 10%，减去铸费 2.25%，净征 7.75%；大条宝银及其银类，加征出口税 7.75%，加上原定 2.25%，合计为 10%。① 同时加征平衡税，按伦敦世界白银市场的白银折合上海汇兑之比价，与上海中央银行当日照市场价核定的汇价的相差之数，除缴纳上述出口税而仍有不足时，应按其不足之数，并行加征平衡税。

　　而大批运银出口的多数是外商银行。如 1934 年 8 月 18 日，上海大晚报记载："此次所运大批现银，在海关方面报关出面者，均为洋商银行，计有汇丰、麦加利、大英、大通、有利、华比、中法、工商、德华、东方汇理、正金、台湾、运通、安达等银行。"8 月份运出白银最多，而担任输出使命的，又都是外商银行。而白银出口税的征收，必然损害了外商银行的利益，外商银行开始提出抗议，理由是禁银出口无异于破坏进口贸易。政府当局为了迎合外商的要求，并维持贸易，使关税收入不至短绌，就将平衡税率降低，因此运银出口还有利可图，在此情况下，白银征税的手段只是使得白银外流稍稍减少罢了。

　　这个政策以取消出口白银带来的利润的方法来达到阻止白银外流的目的。自从它实施后，公开的出口完虽减少了，但私运白银出口仍然存在。

　　相反，由于白银在中国国内外的差价更大了，私运白银出口量不断增加。私运的主要方式是将白银运往内地，其目的地主要是大连和香港，再由港口偷运出国外。在中国，走私很难禁止。因为，政府手中的现金仅为现金总数的 5% 以下，估计有大约 230 000 万元。私人很容易在政府不知情的情况下将白银运送出境。另一方面，中国警察的权利不能触及外国特权。所以这个方法并没有起到有效遏制白银流出的作用。

　　（二）控制外汇的尝试

　　在美国实行白银购买政策之后不久，中国政府于 1934 年 9 月 8 日宣布控制外汇。法令包含以下内容：

　　"所有外汇交易禁止在个人间进行，以下条件除外：①合法企业的需要；②1934 年 9 月 8 日前使用外汇的典押；③旅行者的开销"。②

---

① 洪葭管. 中央银行史料［M］. 北京：中国金融出版社，2005.
② 梅远谋. 中国的货币危机［M］. 成都：西南财经大学出版社，1994.

这个法令明显地禁止在白银交易中进行投机，不幸的是，银行家和商人认为控制外汇是白银禁运的信号，反而加快了白银的出口。

1934 年 10 月 13 日，中国政府向美国提出了一个请求，希望对关系到两国利益的白银问题达成一个明智的协议。而美国政府借口白银法令已由国会通过并已经生效，不愿进行任何修改。

因而，控制外汇的尝试，由于库存不足，完全没有结果；后来，中国政府成立了外汇委员会，拥有 100 万元的库存，但并没有存在多久。

（三）鼓励白银进口

面对源于银行库存资金的急剧减少，在实行新的白银出口税和平衡税之后，财政部为了鼓励白银进口，于 1935 年 2 月 19 日颁布了一条法令，其主要内容如下：

（1）海关交给纯白银进口者或本国银币进口者入关收据，在上面注明入关日期和总额。进口商可以到财政部以此收据换取再出口时的出口免税证书。

（2）在重新出口相同数量的白银时，这个证书的持有者只付 2.25% 的铸造费用，而出口税和平衡税都可免去。

（3）每次进口总额不能低于 500 000 盎司；如果涉及国币，必须按它所含纯银重量计数。①

（四）为禁止白银走私出口规定种种办法

为禁止白银走私出口，财政部又于 1934 年 12 月 1 日命令各地银钱业同业公会及商会，共同协助监视私运白银出口。"如果查有偷运银货出口，或唆使偷运者，应即密报附近海关，其无海关地方，并准密报当地官署，先行扣留，呈由本部核明，悉数充公，并照偷运银数加倍处罚。其有商民据情密告，因而缉获者，并准由罚款项下提出四成给作奖金，以资鼓励。原举发人姓名，由部代守秘密。各该法团与金融关系密切，务须切实协助，以收上下相维之效"。②

1934 年 12 月 9 日，财政部公布《缉获私运白银出口奖励办法》，进一步明确禁止白银走私出口。但是，由于中国地域广阔，国情复杂，再加上外商势力从中作梗，防止走私相当困难。据日本东京《日日新闻》报道，1935 年 9 月，日本输出白银计 29 703 000 日元，比 1934 年同期的 1 350 000 日元增加 10 余倍。1935 年 1 月至 9 月，由上海走私出口至日本的白银约达 144 155 000 日元。而日本年产白银仅 10 000 000 日元左右，故由日本出口之白银主要是中国

---

① 梅远谋. 中国的货币危机 [M]. 成都：西南财经大学出版社，1994.

② 中国人民银行总行参事室. 中华民国货币史资料第二辑（1924—1949）[M]. 上海：上海人民出版社，1991.

向日本走私的白银。①

　　（五）定立"君子协定"

　　1935年4月，美国政府又把国内白银收购价格提高到每盎司0.711美元，②伦敦市场价升至每盎司0.81美元时，按照当时汇率，从上海运银出口，缴了出口税和平衡税之后还有一定的利润。为防止白银外流的高峰再度出现，由新上任中国银行董事长、曾任财政部部长的宋子文出面，邀请在沪的英、美、日、法、意、荷、德等国银行代表举行临时会议，要求这些银行协助，暂停装运白银出口。这些都是外商银行公会的主要成员，他们同意了，外商银行就可以采取一致行动。会上商定两条：①赞助中国政府的健全通货政策，自动暂停装银出口；②如有往来银行欲实行装银出口时，各银行当劝阻之。③因为这一协定并没有法律效力，所以不具备强制力，并不意味着外国银行放弃或限制使用治外法权，只不过是外国银行自动遵守，故称之为"君子协定"。当美国政府又于1935年4月24日进一步提高银价时，上海银价再次上涨。中国中央银行为防止白银外流，急忙出售外汇。但外商银行则不予以合作。因此，尽管中国政府与外商银行签订了"君子协定"，但中国政府所期待的效果并没有出现。

二、应对通货紧缩

　　（一）发行财政复兴公债

　　1935年3月，中国国民党中央执行委员会政治会议连续3次讨论发行金融公债④和实行中央银行改组问题。按照财政部提议，发行金融公债1亿元的用途有3项：①拨还财政部欠中央银行的垫款（4 000万元）；②充实中央银行、中国银行、交通银行的资本力量（中央银行增资3 000万元；中国银行增资2 500万元，后改为2 000万元；交通银行增资1 000万元）；③便利救济市面及工商业。⑤

　　财政部部长孔祥熙提议发行金融公债1亿元的理由的原文是："……窃自

---

　　①　中国人民银行总行参事室. 中华民国货币史资料第二辑（1924—1949）[M]. 上海：上海人民出版社，1991.
　　②　中国人民银行总行参事室. 中华民国货币史资料第二辑（1924—1949）[M]. 上海：上海人民出版社，1993.
　　③　中国人民银行总行参事室. 中华民国货币史资料第二辑（1924—1949）[M]. 上海：上海人民出版社，1993.
　　④　洪葭管. 中央银行史料 [M]. 北京：中国金融出版社，2005.
　　⑤　佚名. 财政部提议发行金融公债缘由 [J]. 银行周报，1935（19），12.

世界经济恐慌，绵亘数年，狂流披靡，我国莫不能例外，物价跌落，百业衰颓，去岁复受美国银价影响，过内存银，巨量流出，并令金融枯竭，市面周转维艰，大有岌岌不可终日之势"。①

据《银行周报》第 19 卷第 12 期记载，金融公债于 1935 年 4 月 1 日"正式发行"，实际上这 1 亿元的金融公债并没有在交易所上市出售，怕影响原有债券市价，而是由财政部命令中华书局赶印预约券，并分别送至中央银行、中国银行和交通银行。

根据这个分配方案，增加了 3 个银行的资本，"救济"了工商业，实际上是实施了金融垄断，由政府对金融业进行控制，为今后进行金融改革奠定了基础。宋子文在 1935 年中国银行年报中说："处此危机之际，政府乃于二十四年三月末，增加中交两行官股，稗使中央、中国、交通互相关联，趋于一致，以期易收统制之效，结果颇著成绩。"② 然而，这个方法用来应对金融危机，也是不足的。中国的货币由纯银铸成，白银的价值在国内低于国外。如不能消除这个差异或切断货币与白银的联系，10 000 万元仅仅是扩大了这三家银行钞票的发行，这增加了大众对使用货币的不信任感。

（二）对地方银行及工商企业的小额贷款

据《钱业月报》第 15 卷第 7 号记载，1934 年，为了解决例行年终的清算困难问题，财政部于 7 月 17 日颁布《上海市工商业贷款细则》，规定给予工业及商业抵押放款 1 500 万元，信用放款 500 万元。财政部拨发国库凭证 2 000万元作为工商业放款的第二保证，以工商业各个厂的抵押作为第一保证，由中中交三行（中国人民银行、中国银行、交通银行）、银钱两业公会、市商会组成专门委员会主持工商救济放款审查事宜。此 2 000 万元款项，于 8 月 1 日开始实行贷放。

财政部对救济银钱业的具体方法如下：①以财政部金融公债 2 500 万元作为各钱庄向银行借款的第二重担保，由钱业监理委员会负责贷款发放事宜。②但凡想要借款的钱庄，首先须将押品如道契、公债、货物交于钱业准备库，由钱业准备库送交钱业监理委员会审查，合格后即可向中中交等银行所组成的放款委员会抵借现款，以财政部所拨公债为第二担保，钱库的押品为第一担保，其折扣为：道契照工部局估价 9 折，公债完全照市价，货物照市价 8 折。③中国交通银行等银行所组成的放款委员会，总额为 2 500 万元。除由钱业准备库

---

① 洪葭管. 中央银行史料 [M]. 北京：中国金融出版社，2005.
② 宋子文. 中国银行二十四年度营业报告书 [J]. 银行周报，1936.

负责 300 万元，由暨中南、金城、盐业、大陆、国货、国华、上海、浙江兴业、浙江实业等各负责 50 万元外，其余由中央、中国、交通三银行担任。所借款项，须按年息 8 厘计算。④各借款钱庄须每 7 日将资产负债情况报监理会，以便随时审核。后来，在钱业的争取之下，第四条改为：各借债钱庄须每月将资产负债情形造报监理会。我们知道，股东无限责任制是钱业最为重要的特点，钱业营业也多保守秘密，其中资产负债情况鲜为社会所知。但是自此以后，钱业在政府和借款银行团的监督之下犹为透明。

通过以上阐述可以看出，国民政府是通过间接的方式来实现对于工商业及钱业的救济，即以拨发公债的方式对中央、中国、交通三大银行加以统制，同时以政府债券替工商业和钱业做担保，让银行发放贷款救济工商业，从而缓解恐慌。与此同时，政府还通过立法等各种手段加强对于银行钱庄的监督，加强对于金融业的管理。

三、加强对银行、钱庄的管理与监督

逐步收回货币发行权。纸币的发行是银行吸收社会资金的一种方法，但是因白银大量外流，纸币的发行需要白银作为其发行准备，由于银根紧缩，大量发行纸币会对银行的安全造成威胁。在美国实施白银政策之后，张嘉璈看到了这一点，他非常担忧国内流通的纸币，他认为："美国提高银价，人民视藏银有利可图。若此心理逐渐普遍，势必舍纸而藏银元。其结果将使银行纸币回笼，发行纸币银行之现金准备，逐步降低。首先受到打击者，将为商业银行所发行之纸币，最后亦必将波及中央、中国、交通三行。"① 因此，为了保护银行乃至整个经济的稳定，国民政府于 1935 年开始逐步取消一般商业银行的纸币发行权。同时，财政部对于各发钞银行密切监督，并派出专员进驻银行进行监视，及时将银行的营业情况反馈给财政部。

1935 年 3 月，由国民政府公布实行"设立省银行或地方银行及领用或发行兑换券暂行办法"，限制省银行的纸币发行。规定省地方银行不得发行 1 元或 1 元以上兑换券，但为增加省地方银行筹码，以便调剂农村金融，呈请财政部核准后可发行 1 元以下各种辅币券。②

对银行、钱庄加强监督。由于大批银行、钱庄倒闭，会引起大众的恐慌，导致社会动乱，政府便严格取缔钱庄借此停业，并要求追究股东的无限责任。

---

① 吴景平. 上海金融业与国民政府关系研究（1927—1937）[M]. 上海：上海财经大学出版社，2002.

② 郭荣生. 中国省银行史略 [M]. 台北：文海出版社，1975.

而已停业的银行和钱庄，则被勒令限期进行整理，政府还派出专员进行监督。

1935 年 6 月 6 日，财政部公布银行、钱庄的监督清理办法如下：①停业银行、钱庄，除经法院宣告清理者外，均由本部指派专员，会同该同业公会清理。其经法院宣告清理的银行、钱庄，也应招派专员，调查、清理情形，随时报部备查。②清理期限，自停业之日起，以 3 个月为限，如果没有正当特殊事由，不得呈请延长。但在本办法令行以前停业者，自本办法令行之日起算。③清理期内，如查有经理人或董事、监察人有违法舞弊的事，即应看管，依法惩办。④资产折实后，存欠不能十足相抵时，股份有限公司组织的银行，应即依法申请宣告破产。其余银行或兼营储蓄的股份有限公司组织的银行或钱庄，应依法追究经理人、董事、监察人及股东等以连带无限责任，限期清理。⑤清理时期，经理人、董事、监察人及无限责任股东人等，不得离去其住居地。如有意图逃亡或匿隐毁弃财产的行为时，得加以看管。其已逃亡者，并得由本部所派专员呈请通缉。⑥专员监督清理一切手续，得准照商人债务清理暂行条例办理。① 1935 年 7 月 17 日，颁布《破产法》，对于债权人的利益给予保护。

此外，政府还对银行的注册加强管理，规定未注册的银行尽快进行注册。并公布已经注册的银行的名单，要求各级政府核查对照，并取缔期限内拒不注册的银行。中央银行还在各银行设立监理官，由中央银行经济研究室的工作人员兼任。

四、寻求英美帮助的种种努力

国民政府通过国内的货币和财政政策来应对国内金融危机，除此之外，国民政府还向国外请求援助，来缓解国内危机。对于美国而言，其白银政策让中国陷入了困境，如若帮助中国摆脱困境，美国也能从其经济复苏中获得利益。而英国也想恢复其以往在中国的特权和利益，于是对于中国的求助表示支持。但日本对于中国的侵略，暴露出了其独占中国的野心。按照中国当时的国情来看，如不能尽快从金融危机中恢复元气，中国将面临的不仅仅是金融崩溃、经济衰退，而且主权也可能受到威胁。所以，中国在无奈之下，向英、美两国求助，希望其能帮助中国摆脱金融危机。

当时，南京政府除了以向美国售银换取外汇来缓解国内困境外，还制定了向美国借款的计划，并且希望进行货币改革之时，美国能够帮助中国结束银本

---

① 中国第二历史档案馆，中国人民银行江苏分行，江苏省金融志编纂委员会. 中华民国金融法规档案资料选编 [M]. 北京：档案出版社，1989.

位制，并将新发行的货币与美元相联系，避免即将到来的危机，其次将结余的一部分存银用来满足美国的需要。但美国出于政治利益，更希望维持现有的中国和日本的平衡关系，拒绝了中国的请求。①

国民政府看到求助美国无望，转而投向英国。中国日益严重的经济危机也严重影响英国在华利益，国民政府请求英国给予中国经济援助，帮助中国解决经济危机。英国政府一开始持积极态度，并于 1935 年 9 月，派英国首席经济学者李滋洛斯作为援华代表，帮助国民政府解决币制危机和经济困境，这才有了以后的法币改革。但是英国并没有给予任何实质上的经济援助，过去曾经承诺的 2 000 万英镑的贷款也没有到位。② 这是由于英国一方面自身也刚刚摆脱经济危机，正在恢复之中；另一方面，英国不愿因为中国问题破坏自身与美国及日本的关系。因此，英国对于借款的援助一直持犹豫和观望态度。至此，国民政府也失去了获取国外援助的希望。

五、法币改革政策的出台

1935 年 11 月 4 日，以财政部名义布告的币制改革的内容共 6 条，如下：

（1）自本年 11 月 4 日起，以中央银行、中国银行、交通银行所发行的钞票为法币，所有完粮、纳税及一切公私款项的收付，概以法币为限，不得行使现金，违者全数没收，以防白银之偷漏。如有故存隐匿，意图偷漏者，应准照危害民国紧急治罪法处治。

（2）中央银行、中国银行、交通银行以外，曾经财政部核准发行之银行钞票，现在流通者，准其照常行使，其发行额以截至 11 月 3 日的流通总额为限，不得增发，由财政部酌定其限期，逐渐以中央钞票换回，并将流通总额之法定准备金，连同已印未发之新钞及已发收回之旧钞，悉数交由发行准备管理委员会保管。其核准印制中之新钞，并俟印就时一并照交保管。

（3）法币准备金之保管及其发行收换事宜，设发行准备管理委员会，以昭确实而固信用，其委员会章程另案公布。

（4）凡银、钱行号、商店及其他公私机关或个人，持有银本位币或其他银币、生银等银类者，应自 11 月 4 日起，交由发行准备委员会或其指定之银行兑换法币。除银本位币按照面额兑换法币外，其余银类各依其实含纯银数量兑换。

---

① 中国人民银行总行参事室. 中华民国货币史资料：1924—1949 第二辑［M］. 上海：上海人民出版社，1991.

② 阿瑟·恩·杨格. 1927—1937 年中国财政经济情况［M］. 陈泽宪，译. 北京：中国社会科学出版社，1981.

（5）旧有以银币单位订立之契约，应各照原定数，于到期日概以法币结算收付之。

（6）为使法币对外汇价按照目前价格稳定起见，应由中央银行、中国银行、交通银行无限制买卖外汇。①

1935 年 11 月 4 日，财政部长孔祥熙发表宣言，进一步对中央银行的改革方向做了重要的补充，即中国货币发行权很快将最后结果统一于中央银行，即"现为国有的中央银行，将来应行改组为中央准备银行，其主要资本，应由各银行及公众供给，成为超然机关，而克以全力保持全国货币的稳定。中央准备银行，应保管各银行的准备金，经理国库，并收存一切公共资金，且供给各银行以再贴现之便利。中央准备银行并不经营普通商业银行之业务，惟于二年后享有发行专权。"② 为确保法币改革顺利进行，南京国民政府又进一步颁布了《兑换法币办法》（1935 年 11 月 15 日）、《银制品用银管理规则》（1935 年 11 月 15 日）、《兑换法币收集现金办法》（1935 年 12 月 3 日）、《收兑杂币杂银简则》（1935 年 12 月 9 日）、《生金银折合国币办法》（1936 年 1 月）等一系列法令。1936 年 2 月，又增加了中国农民银行发行的纸币与法币同时使用。③

数百年来，中国人民习惯使用白银，而法币改革后，开始只使用纸币，不再使用银元，这是划时代的大变革。军阀割据的几个省份与南京中央政权的矛盾由来已久，发行法币损害了他们的固有利益，因而抵触情绪很大。广东、广西和陕西首先发难。广东省当局由省立银行和市立银行大量收购白银，几个月内收购的白银数量达 5 000 余万元；④ 还颁布《广东省禁金出口暂行办法》，同时自行收购金叶、金条；名曰施行法币，却以省、市银行发行的毫券为法币，而非以中央银行、中国银行、交通银行发行的钞票为法币。毫券数量不加限制，其滥发的结果必然是信用大落。第二年难以收场，不得不请求中央政府救济。广西省当局颁布《管理货币办法》，禁止现银出口，省内用广西银行发行的钞票和省金库所发行的库券，直到 1936 年 11 月才改用法币为本位币，原发行的毫券为辅币，与法币的折合比例为 1.6：1。华北地方政府更以情况特殊为借口，由天津修械所擅自铸造辅币，在币面上盖"天津"字样，数额亦达

---

① 中国第二历史档案馆，中国人民银行江苏省分行，江苏金融志编委会. 中华民国金融法规选编 [M]. 北京：中国档案出版社，1989.

② 中国人民银行总行参事室. 中华民国货币史资料第二辑（1924—1949）[M]. 上海：上海人民出版社，1991.

③ 贺水金. 论国民政府的法币政策 [J]. 档案与史学，1999（6）.

④ 中国人民银行总行参事室. 中华民国货币史资料第二辑（1924—1949）[M]. 上海：上海人民出版社，1991.

30 万元,^① 交由河北省银行结合业务发行,后经财政部致电华北政务委员会劝阻,才告停止。陕西省当局则拒绝移交发行准备金,并要求省银行所发钞票与法币同时通行。^②

收兑任务相当艰巨,各地中央银行、中国银行、交通银行的分行收兑银元的期限一再拖延。1935 年 11 月 15 日公布的兑换法币办法的原定期限为 3 个月,到 1936 年 5 月 3 日第三次展期又满,但"持有银币、银类尚未即兑换法币者,让不在少数",故继续收兑。到 1937 年春,为鼓励各地分行积极收兑,"酌给百分之六之手续费"^③,至于各地收兑银元的总数占其持藏额的比例究竟有多大,迄无精确统计可依。根据邮政储金汇业局《1935 年度报告书》所载内容,到 1936 年 6 月,共收兑银元 3.08 亿元。^④

在法币改革刚开始的一段时间里,建立外汇基金的问题一直未能解决。虽然南京国民政府最初宣布法币与英镑挂钩,但是,由于英国当时的实力相当有限,既无款可借,又无法以巨额的英镑购买中国白银,所以,中英货币联系变得十分脆弱。当时,中国法币唯一可行的选择是改途易辙,由英镑集团转投美元集团(因为当时只有美国有能力帮助中国实现汇兑本位)。因此,法币改革正式启动后,南京国民政府进一步加强了请求美国购买中国白银的外交努力。1935 年 11 月 13 日,中美双方取得协议,由美国向中国承购白银五千万盎司。^⑤

另外,美国方面坚持要求确定法币与美元的固定比率,南京国民政府考虑到朝令夕改"足以导致整个计划的失败"^⑥,表示无法接受。然而,美国政府从 1935 年 12 月 9 日起开始降低银价,导致每盎司白银的世界价格逐步下降至 1936 年 2 月中旬的 0.45 美元。^⑦ 这使南京国民政府非常恐慌,银价下落的直

---

① 中国人民银行总行参事室. 中华民国货币史资料第二辑 [M]. 上海:上海人民出版社, 1993.

② 中国人民银行总行参事室. 中华民国货币史资料第二辑 [M]. 上海:上海人民出版社, 1993.

③ 中国人民银行总行参事室. 中华民国货币史资料第二辑 [M]. 上海:上海人民出版社, 1993.

④ 中国人民银行总行参事室. 中华民国货币史资料第二辑 [M]. 上海:上海人民出版社, 1993.

⑤ 阿瑟·恩·杨格. 1927—1937 年中国财政经济情况 [M]. 陈泽宪,译. 北京:中国社会科学出版社, 1981.

⑥ 中国人民银行总行参事室. 中华民国货币史资料第二辑(1924—1949)[M]. 上海:上海人民出版社, 1991.

⑦ 阿瑟·恩·杨格. 1927—1937 年中国财政经济情况 [M]. 陈泽宪,译. 北京:中国社会科学出版社, 1981.

接结果导致白银输入有利可图（因为每盎司银价下降至 0.40 美元左右就不利于出口白银），从而有可能破坏新币制。

"为充分维持法币信用起见"，南京国民政府财政部又于 1936 年 5 月 17 日宣布"其现金准备部分仍以金银及外汇充之，内白银准备最低限度应占发行总额的 25%"①。于是，中国的外汇储备不断增长，至 1937 年 6 月达 3.789 亿美元②，这为稳定汇率、巩固法币信用奠定了良好的基础。

法币改革是经济全球化背景下，南京国民政府实行的币制改革，其具有重要的历史意义，主要表现在以下几个方面：

第一，统一了货币及其发行权。法币改革之前中国的货币流通混乱，货币发行权分散，严重影响了中国金融业的发展，并对经济的发展也有很大的遏制。法币代替银元，成为法定货币，货币发行权也集中在 3 个银行手中，使得中国货币摆脱了白银价格的影响，从而解决了白银危机。

第二，利率下降，缓解了通货紧缩，稳定了金融市场。白银危机时期，中国国内通货紧缩，银根奇紧，工商企业和银行钱庄纷纷倒闭。法币改革实施以后，利率下降，资金缓和。

第三，外汇稳定，对外贸易出现增长。法币改革实施以后，新国币（法币）与旧国币（银元）相比，价值降低 40%③，因此，中国货币的对外汇价降低约 20%④，中国的对外贸易才得到改善。法币改革稳定了法币与外币的关系，在一定程度上消除了因币值与外汇不稳定而造成的外贸风险，促进了中国进出口贸易的发展。

第四，打击了日本帝国主义。日本侵占中国东北以后，于 1932 年成立伪满中央银行，实行管制通货制度，发行伪钞，禁用硬币，禁银"出口"，用一文不值的伪钞换取东北人民手中的白银。很明显，在日伪大量搜刮中国白银的情况下，中国必须立即切断货币与白银的联系，否则中国将面临亡国的危险。法币改革的成功实施，刚好在这一点上打击了日本帝国主义。

---

① 中国人民银行总行参事室. 中华民国货币史资料第二辑（1924—1949）[M]. 上海：上海人民出版社，1991.

② 阿瑟·恩·杨格. 1927—1937 年中国财政经济情况 [M]. 陈泽宪，译. 北京：中国社会科学出版社，1981.

③ 梅远谋. 中国的货币危机：论 1935 年 11 月 4 日的货币改革 [M]. 成都：西南财经大学出版社，1994.

④ 贺水金. 论国民政府的法币政策 [J]. 档案与史学，1999（6）.

第五章　中国近代五次金融危机对比分析

中国近代经历了多次金融危机，其中不乏货币、证券、地产等引发的危机。中国近代历史上曾先后发生 5 次金融危机，分别是 1883 年金融危机、1897 年金融危机、1910 年金融危机、1921 年金融危机和 1935 年金融危机。

第一节　近代五次金融危机简述

一、1883 年金融危机——"股票风潮"

19 世纪 70 年代，近代民用企业在洋务派代表李鸿章的引导下开始发展，股份公司开始成立，用以吸纳社会资金。1892 年，官督商办性质的轮船招商局成立，随后，保险、煤矿、铜矿、锡矿、纺织、自来水、电气灯等公司如雨后春笋般发展。随着洋务派军需民用工业以及商办近代工业的发展，国内外对农矿产品的需求增加。19 世纪 80 年代初期，外商股份公司和洋务民用企业的经营利润和派发的官利、股利优厚，投资者为逐利而踊跃认购中外股份公司的股票，以至于当时中外公司股票市价暴涨，中国股民的投机心理被刺激起来。据 1884 年 1 月 12 日的《申报》记载，华商"忽见招商、开平等（股）票逐渐飞涨，遂各怀立地致富之心，借资购股，趋之若鹜"。商民"视公司股份，皆以为奇货可居""每一公司（股票）出，千日人争购之，以得票为幸"，以至"人情所向，举国若狂，但是股票，无不踊跃争先"。在急功近利心理支配下，投资者并不关心公司的组织和经办状况，只在意股票市价的涨落，"今华人之购股票者，则并不问该公司之美恶，及可以获利与否"，时人在《申报》

上撰文《购买股份亦宜自慎说》，提醒股民注意风险①，但也没有引起投资者的注意。1882 年这一年，上海市场上中外企业的股票价格基本都超过其发行价，有的股票甚至出现 2 倍溢价。中国出现了筹组矿务公司和投机矿局股票的热潮。

但好景不长，1882—1883 年，主要资本主义国家发生经济危机，资本主义国家经济衰落，进口需求降低，同时为了消除危机而努力增加出口，中外贸易形势不容乐观。在国际市场上，中国的传统贸易产品丝茶竞争激烈，导致其价格下跌，中国丝茶出口减少，中国丝茶商人受到影响产生亏损。1883 年 1 月 12 日，上海著名的老字号金嘉记丝栈经营不善，因亏损 56 万两巨款而倒闭，与其存在经济往来的 40 多家钱庄受到影响。钱庄开始通过紧缩信用贷款来降低风险，不但拒发新的贷款，而且收回旧的贷款。这使得商人借贷无路，资金周转不过来。丝钱、茶栈、糖行、沙船号等商行又相继倒闭 20 多家。倒欠钱庄款项 150 万两。受其牵累，钱庄倒闭并歇业清理 20 家，上海钱庄只剩下 58 家。出于百业萧条、商业停滞的原因，1883 年 10 月，广东商人徐润投资股票和香港房地产失败，欠债几百万两无法清偿而宣告其经营的房地产公司破产，牵连关系钱庄 22 家。同年 11 月，浙江大商人胡雪岩由于缺乏国际生丝市场信息，所以在和力量强大的外国商人争夺生丝价格控制权的丝业投机与竞争中失败，他独资开设于全国十几个城市的阜康雪记钱庄倒闭。这一系列的钱庄倒账和停闭事件动摇了外商银行、票号及社会大众对钱庄业的信心，从而引起了债务的挤提，最终爆发了金融危机。

大量钱庄的倒闭造成了金融恐慌，市场资金奇缺，银根紧缩，利率高涨，股市也深受其影响开始暴跌。1883 年 9 月，开平和招商局两只被人们看好的股票的价格迅速下滑，开平股票的股票价格由 160 两跌至 29 两，招商局股票跌至 34 两，其价格较 1882 年同期平均下跌 87%。而在股市暴跌之前，股票是作为人们收益良好的投资品，大部分钱庄都曾以股票进行抵押放款，当股市出现严重危机时，钱庄受其拖累濒临破产。

危机很快就蔓延到了房地产市场。上海的房地产业濒临崩溃，典型的案例是徐润的房地产业破产、崩盘。徐润是一名大地产商人，在其经营房地产时，其欠各钱庄和洋行的白银高达 250 万两。中法战争爆发后，法国军队扬言进攻江南制造局，造成市民恐慌，纷纷外逃，而致使房屋空置，地产业萧条。同时，股市也处于危机之中，金融市场内资金紧缺，徐润的资金链出现了断裂。

---

① 李玉. 晚清公司制度建设研究 [M]. 北京：人民出版社，2002.

而在钱庄和洋行的压力之下，他被迫将全部房产等资产交出以偿还债务，从而破产。徐润的破产对于其未能偿还债务的钱庄而言是个灾难，一些钱庄也因周转不灵而倒闭，加剧了金融危机。

除房地产崩盘外，胡雪岩的破产也加重了上海金融危机与市面恐慌。1883年11月，囤积了大量生丝的著名红顶商人胡光墉，就因生丝价格下跌，给他造成了高达800万两的损失，其经营的阜康钱庄上海总号因此在12月1日倒闭，各地的分号也相继停业关门。

上海作为商业金融中心，与各地商埠存在紧密的商业金融关系；加上此时国内还没有建立最后贷款人制度，所以1883年的上海金融危机迅速波及外埠。1883年年初，上海共有钱庄78家，到年底仅剩10家还在继续营业，其余的都已经停业；镇江的60家钱庄因此倒闭了45家；扬州当年搁浅的钱庄达到17家；宁波的钱庄从31家减少到18家；福州的钱庄倒闭了8家；在北京发生了挤兑钱庄的恐慌，北京钱铺闭歇者不下百家；汉口本地的钱庄只有几家资力较大的能够勉强度过旧历年关。由于钱庄的经营不稳定，镇江、福州等地的商号拒绝接受庄票，商业上的信用交易蜕化为现金交易。信用的收缩和现金需求的增加，使得镇江、九江等地的利率上升。1883年10月以后，九江的商人能够提供最有利的担保，其借款利率达到15%～20%，①各地的商业投资和贸易因此而萎缩。

这次金融危机的爆发是国内外因素共同作用导致的。其中国际因素有：世界经济危机的国际传递引发了中国国内的商业和银行业危机；中法战争引发的政治危机加剧了公众的心理恐慌和银行危机。国内因素则是由于股票投机过度引爆了股票市场风潮，银行危机导致债务——信贷的持续大幅度收缩，银行股票业务的收缩，导致上海股市泡沫的破灭和股票市场风潮的爆发。

股市崩溃摧毁了华商公司的信誉，打击了发展中的民族股份经济。股价暴跌给股票投资者带来惨重损失，严重挫伤了民众投资股市的信心，败坏了股份公司在中国人心目中的形象。直到1893年时，一般商人听闻募股集资之事，仍"无不掩耳而走"，国人对"公司"两字真正到了"厌闻"的程度。华商对公司制的厌恶心理致使华商股票市场一蹶不振，民族资本主义企业刚打开的直接融资渠道就此关闭。在此后的十几年间，民族产业丧失了利用证券市场来促进自身发展的机会，我国经济发展的速度以及国力的增长也因此受到制约。

---

① 张国辉. 中国金融通史（第二卷）［M］. 北京：中国金融出版社，2003.

二、1897 年金融危机——"上海贴票风潮"

1897 年，上海钱庄为了吸收存款，利用"贴票"方式，高利吸收存款，最终导致钱庄大批倒闭，史称"贴票风潮"。

1889 年至 1890 年，贩卖鸦片可以获得高额利润，而资金不足的鸦片商贩为了获得充足的资金进行鸦片买卖，从而不惜以很高的利息从钱庄借款。钱庄为获得更高的收益，即将资金悉数放款于鸦片商人，由于资金有限，钱庄便想方设法吸收存款用以放款。上海潮州帮的 1 位姓郑的商人开办了协和钱庄，开创了"贴票"的方法进行融资：储户存入钱庄 90 余元，钱庄则为其开具远期庄票 1 张，到期后，凭票可取得现金 100 元。钱庄通过这种倒贴现的办法，通过发行贴票来吸收社会存款，再将资金以高利息放款于鸦片商人。由于存贷的利差巨大，并且转手间就可获得巨大收益，钱庄便纷纷效仿，贴票业务开始盛行。上海的钱庄众多，一些资金薄弱的小钱庄平时以零星兑换的钱币获得微薄的利润而生存，当见到贴票业务丰厚的利润之后，也开始经营贴票业务。当人们看到经营贴票如此赚钱，一些没有资本成立钱庄的人，也开始借钱，并租赁门面开设专门经营贴票的钱庄。

更有一些人在巷口设柜，开出贴票，招人贴现。这种利用极低成本开设的小钱庄，利润并不微小，于是越来越多的人投入其中，一时间遍布英法两租界的大街小巷，据《上海钱庄史料》记载："仅开设于法租界公馆马路等处者，已有 51 家，其余在公共租界北海路、福州路、广东路者，更不知凡几。"

当贴票钱庄的数量达到一定程度时，原本供不应求的状态被打破，并趋于饱和。经营贴票业务的钱庄也开始为了争取客户竞争，主要通过提高贴息和游说的途径。社会各类人群，不论男女老幼，甚至外国人和洋行都争相换取贴票。一开始贴票到期时，由于数量较少，钱庄还可以利用到期差进行偿还，而当贴票数量过多时，钱庄的资金没有收回就无力兑现现金，而市场上很多投机者也利用贴票进行投机，有一部分人得到现金后便携款逃跑了，上海金融市场呈现出一种繁荣假象掩盖下的混乱局面。

1897 年 8 月中旬，坐落于上海法租界大马路的微康钱庄，其开设资本仅为二三百元，其发放的贴票金额达到数万元，最终因资金周转不灵亏欠现金一万多元而倒闭，从而引发了整个贴票市场的恐慌。紧接着，协大、德丰、锦康、慎康、恒德、王万泰、德隆、慎徐、裕大、阜丰、长康、益康、微康、恒康、震元、牲康、德大、锦源、元丰、太和、宝康等数十家纷纷倒闭。总之，凡是开设贴票业务的钱庄无一幸免，悉数倒闭，就连信誉良好的老钱庄——法大马路三元钱庄，也难逃厄运。

钱庄倒闭风潮爆发后，开设钱庄的庄主无力偿还借款，一部分人选择逃跑，而之前钱庄所开具的贴票则变成了一文不值的废纸。在上海，就连社会底层的百姓都成为了贴票的投资者，可见其涉及人数之多，导致整个上海人心惶惶。

三、1910 年金融危机——"上海橡胶股票风潮"

1910 年，上海发生了一次严重的金融危机，整个中国受其影响，陷入金融恐慌。1910 年 7 月，上海的正元、兆康、谦余三大钱庄同时倒闭，而这三家钱庄亏欠银行和其他钱庄的款项高达 700 万两。1910 年 10 月 18 日，中国最大的银号上海源丰润及其 17 家分号倒闭，它的倒闭正是受到三大钱庄倒闭的影响，从此危机开始席卷全国。1911 年 3 月 21 日，著名票号上海义善源及其 23 家分号倒闭。上海的钱庄数量由 1910 年的 91 家减少到 1912 年的 28 家。这次影响全国的百年难遇的金融危机，就是著名的"橡胶股票风潮"。

橡胶制品为中国民众所熟知的是在晚清。当时橡胶被上海人称为"橡皮"，而橡皮公司则是指经营橡树种植业的公司，而橡皮公司所发行的股票则被称为橡皮股票。20 世纪初，随着世界工业的发展，橡胶作为工业品的原材料被广泛应用，其市场需求快速扩大。国际橡胶市场的橡胶数量供不应求，而橡胶价格也随之上升。为了追求利润，国际资本开始投入于橡胶产业，南沙群岛作为橡胶的出产地，自然成为了国际投资的重点地区。1910 年年初，为开发南洋橡胶资源而成立的公司达到 122 家，并在报刊上刊登广告公开招股。橡胶股票走俏，人们争相购买。伦敦一家橡胶公司发行价值 100 万英镑的股票，半小时则销售一空；另一家公司发行股票，由每股 10 英镑涨至 180 英镑每股。中国作为世界经济体系的一员，国际橡胶市场的热度也传到了中国，在开发南洋的 122 家橡胶公司中，至少有 40 家设在上海。这 40 家公司在上海的外国银行开户，并通过上海的洋行代售其股票。其股本总额达到 2 500 万两，并且华人和在上海居住的外国人成为了其主要的销售对象。

在当时市场气氛的带动下，社会资金纷纷涌向股票市场。而汇丰、麦加利和花旗银行宣布承做橡胶股票的押款，这无疑给中国商人打了一针安定剂，使其放心地将资金投入橡胶股票之中。40 家公司的 2 500 万两股票在几个月内销售一空，并且股价随着市场接连上涨。之前无人购买的橡胶股票也随股市暴涨，溢价能够达到五六倍。如蓝格志公司股票，在短短的 3 个半月时间，由 920 两涨到 1 675 两，而其票面金额仅为 100 两；汇通洋行的地傍橡树公司股票在 1 个多月的时间内，就由 25 两上涨到 50 两，票面金额仅为 9 两。

到了 1910 年 6 月，国际橡胶市场开始疲软，伦敦橡胶股票开始狂跌，伦敦市场的每磅橡胶价格由 4 月份的 12 先令 5 便士跌到 7 月份的 9 先令 3 便士。伦敦股市的萧条影响到了上海股市，上海股票交易所的橡胶股票立刻停止交易。而在之后的半年多时间内，橡胶股票失去了往日的辉煌，无人关注。直到 1911 年春，橡胶股票才恢复交易，大量橡胶股票被抛售，但并没有人购买。导致之前持有大量橡胶股票的投资者无法将其变现，其中正元、谦余和兆康这 3 个钱庄，由于出现流动性困难，资金无法周转，于 7 月份宣布破产。会大、森源、元丰、协大、晋大等钱庄也受到橡胶股票的影响，在短短几天内相继搁浅、停业。

橡胶股票风潮过后，因大量钱庄倒闭导致市场资金不足、银根紧缩，工商业的经营情况也非常不好。江浙地区的布业、丝业、洋货业、五金业等商家悉数暂停营业或倒闭，江南地区的商业十分萧条，而拥有雄厚资本的大型公司也难逃厄运，例如拥有 1 000 万元资本的浙江铁路公司和 400 万元的江苏铁路公司。钱庄的倒闭加之商业的枯萎，给予民族资本主义工业很大的打击，其因失去了用于发展的金融和商业资本而一蹶不振，直到民国初年，通过欧战的刺激，才有复苏的迹象。

四、1921 年金融危机——"信交风潮"

中国的民族资本主义工商业在第一次世界大战期间迅速发展，民族资本家也因此获得了巨额资金。但第一次世界大战结束后，资本主义国家于 1920—1921 年爆发了经济危机，西方资本主义国家重新在中国进行投资，与中国民族资本家形成竞争。同时，作为中国货币的银价暴跌，造成中国民族资本家的财富极度缩水。民族资本家为了寻求利润，便将大量资金投入投机活动中。

证券和大宗商品的交易场所被称为交易所，它分为证券交易所和商品交易所，以交易对象加以区分，顾名思义，证券交易所的交易对象是股票、公债等有价证券，而商品交易所的交易对象则是米、棉花等大宗商品。交易所的交易又分为现货和期货交易，现货交易中有实物交割，而期货交易大都不存在实物交割，只通过买卖价差计算盈亏，因此，交易所既可以方便商品流通，又可以进行买空卖空的投机。

上海交易所是受到外商建立交易所之风的影响而成立的。上海证券物品交易所于 1920 年 7 月成立，是上海华商创办的第一个交易所，其资本额为 500 万元，发行 10 万股，每股 50 元，以有价证券和大宗物品为交易对象，1921 年

5 月，上海华商证券交易所在上海股票商业公会的基础上发展而来，其额定资本为 300 万元，发行 15 万股，每股 20 元。

交易所成立后，因经营状况不错，其股票价格也随之上涨。上海证券物品交易所成立的 46 天内，平均每天收入佣金 1 700 元左右，其股票价格涨至 58 元左右。该交易所年终结算盈利 50 万元左右，年利润率高达 80%。

经营交易所可以获得较高的收益，必然会吸引人们的关注，随后各行各业开始成立交易所。截至 7 月底，上海已有 50 家交易所成立。

1921 年 7 月，中法实业银行突然倒闭，人们对于外国银行的信心产生动摇，纷纷将其存入外国银行的现金提现，并投入交易所中。

在交易所成立的热潮席卷中国时，外国资本也不会放弃获利的机会，开始在中国设立交易所。日商在上海设立中华金银交易所，香港中外证券物品交易所、华商证券物品交易所在上海设立了筹办处。英商也拟在宁波设立金洋交易所。

交易所的成立已经涉及各行各业，而且遍及中国的主要城市，还有外资的加入，交易所成立的盛行可见一斑。

1921 年秋，设立交易所的浪潮达到巅峰。仅上海就有 136 家交易所，其他各地的交易所有 24 家，共计 160 家。信托公司伴随着交易所的成立而大量设立。

在交易所大量设立的同时，信托公司也如雨后春笋般纷纷设立，信托公司是通过帮助客户理财进行盈利的金融机构。尽管信托公司的经营业务仅限于代客理财，但由于交易所的厚利，信托公司仍投入大量资本进入证券交易市场。

交易所的盈利一般依靠的是佣金收入，随着交易所数量的增加，而证券数量和大宗物品交易的数量相对稳定，造成了交易所的供过于求，从而出现了交易所为争取更多交易量而产生竞争。随着竞争的加剧，为了能够获得更高的收益，各种违法欺诈手段开始出现。有的交易所的股票在其开业之前就已上市开售。有的交易所的发起人没有足够资本发行股份，便空认巨额股份，向社会投放少量股票，由于供求关系的不对称，其股票供不应求，导致股价上涨，此时发起者再将股票回购，本就稀少的股票变得更加珍贵，其价格开始飞涨，溢价数倍，于是发起者再悉数将所有股票卖出，从中获得丰厚的收益，而且股票也由空股变成了实股。

有的交易所理事与经纪人联合成立"多头公司"来对本交易所的股票进行炒作。他们首先大量购入本所股票，然后设法抬高股价，当股价达到一定程度时，市场内会有部分人觉得股价已达到最高点，便开始做空，以期股票下跌后赚取收益。当多头和空头势均力敌时，多头公司开始对空头势力进行笼络，通过补贴其损失让其开始做多，这样一来，该股票价格则一路上涨，如此操作的股票投机行为在市场中屡见不鲜，形成了股票投机热潮。

在如此狂热的市场氛围内，钱庄和银行作为金融市场的主力，也不同程度地参与股票投机。

一些参与投机的钱庄和银行也难逃厄运，其中，钱庄因"橡胶股票风潮"的影响，采取谨慎经营的策略，对于股票进行投机的同时，对其风险的防范工作没有疏忽，故没有遭受到巨大的损失，上海仅有庆康钱庄一家倒闭，其余钱庄虽受到一定的影响，但也有不少盈利。银行业则不是如此幸运。1920 年，中国的银行有 103 家，仅上海就有 16 家，还有 26 家分行。此风潮中，上海共有 7 家银行倒闭清理，约占上海银行总数的 1/6。

"信交风潮"爆发的 1921 年是中国金融史上"最为痛心的一年"。股市崩盘使得从产业和银行业流入股市的大量资金无以复归，信用收缩使得利率高企，进而抑制投资和经济增长。更为严重的是"信交风潮"第三次重创了中国人对股市的投资信心，损害了华商股份公司募股集资活动在国民心目中的形象，民族股份公司借助公司制度和股票市场来筹集长期资本、振兴实业的渠道再次被堵塞了。自此，公债市场取代股票市场在证券市场中的地位，公债成为交易所的主要交易对象。到抗日战争爆发前，上海证券交易所交易额的 98% 都是公债。信交风潮后，华南股票已经声名狼藉，以国家信用为基础的国内公债信誉相比华商公司股票的信誉还是要高得多。加上财政极度困难的北洋政府的高利劝诱，大批社会游资和银行的资金遂转入公债市场进行投机。由于中国发行的内外公债中实业公债的比重很小，所以信交风潮后，证券市场的财政化和银行大量投机公债使得证券市场的发展脱离了产业发展的需要，中国的证券市场最终没有能够向欧美日本等资本主义国家的证券市场那样，在优化资金配置、促进本国实业投资和经济发展方面继续发挥积极的作用。

五、1935 年金融危机——"白银风潮"

20 世纪 30 年代，西方资本主义国家爆发了严重的经济危机，而中国的经济也深受其影响。西方国家纷纷想方设法摆脱危机，并将危机转嫁给其他国家，由于中国正处于半殖民地半封建社会，便首当其冲地成为了很好的目标。

20 世纪 30 年代，中国经济受到世界经济危机的影响，停滞不前。首先，由于自然灾害的连绵不断，已经给中国靠天吃饭的农业造成了很大的损失，加之资本主义国家对中国实施了倾销，大量农产品进入中国，导致中国农产品价格一泻千里，农民深受其害，收入大幅下降，农业出现危机。

而中国工商业的发展，是以农业为基础的，一旦农业出现危机，农民购买力低下，造成商品滞销，使城市工商业趋于萧条。

中国近代金融业的发展，向来不是以农工商业等产业为基础的。由于近代中国社会不稳定，战事连连，中国金融业的发展与中国政府财政是紧密相连的。政府大量发行的公债是金融业投资的重要目标。而由于世界经济危机的影响，中国工农商业萧条，金融业的投资更是谨慎，不会轻易投入实业。而标金、地产等的繁荣，成为了金融游资的好去处，这致使中国资本市场游资充斥、投机盛行，为金融危机的爆发埋下了伏笔。

西方资本主义国家为了摆脱经济危机，纷纷放弃了金本位制，而美国为了转嫁经济危机给国内带来的危害，实行了以收购白银为国有的白银政策，致使世界银价大幅上升。而作为中国货币的白银在国际市场中却只是一种普通商品，其价格的大幅波动，对中国的货币体系影响巨大。随着白银价格的上升，中外白银价差不断拉开，从中国运银到纽约或伦敦等市场，除去运费、关税等成本仍有很高的利润，这必然导致了大量白银运出中国。而中国的白银货币则大大减少，银根紧缩，白银购买力大大提升。

银根紧缩，则信用产生危机，大量银行、钱庄纷纷收回贷款，而对本身处境窘迫的农工商业来说更是雪上加霜，不少工厂、企业纷纷停产、倒闭。而金融业由于之前对于地产采取投机行为，随着地价的暴跌，也出现了危机，大批银行、钱庄因收不回贷款等原因纷纷停业、清理，这时金融危机爆发了。

国民政府采取了一系列措施，例如禁银出口、征收白银出口税、平衡税、救济工商业、救济农业等。最终还是依靠政府的"法币政策"，将这次金融危机平息下来。

第二节　五次金融危机的共性分析

近代中国历史上发生多次金融危机，孤立地看，每次金融危机都是一个独立的历史事件，具有各自的特点，但是，联系起来看，通过经济学的分析，可以发现它们之间有一定的共性。

一、金融危机爆发的一般外部因素

明斯基的理论指出，金融危机一般总是始于某种外部冲击。所谓的外部冲击，主要是社会中的一些能够影响盈利的因素，当其影响范围够大、影响程度够深刻的时候，出现的盈利和亏损的机会就会支配人们进行相应的金融活动。

例如1883年金融危机的发生，是当时洋务派为了发展近代工业，从而成立了轮船招商局这个股份公司，对于当时的环境来讲，股份公司的出现就相当于对于社会的一种冲击；1897年，金融危机爆发，因鸦片利润丰厚，导致钱庄发明了"贴票"这个冲击因素；1910年，金融危机爆发，则是国际橡胶业的发展导致的冲击；1921年金融危机，是由于交易所和信托公司的大量出现，加之西方资本主义国家的经济危机，对社会造成冲击；1935年爆发金融危机，也是由西方资本主义国家经济危机加之美国的白银政策的冲击造成的。

二、个人理性与市场非理性并存

1. 理性、有限理性和非理性

经济学中有一个基本假定"理性经济人"，它强调人的本性是理性的，人都是自利的，即追求经济和物质利益的最大化。西蒙认为理性经济人具备三个基本的特征，即知识完备、偏好体系稳定、计算技能超群。但是，人类的经济行为往往是有限理性的，随着环境的变化、市场信息的变化，人类的经济行为会出现理性和非理性。因为首先，人类知识的完备是理想状态下的完备，人类的认知和对信息的处理能力是有一定限制。市场存在各种各样的信息，非常容易出现信息的不对称，一个人不可能收集到所有的信息，也不能应对所有的信息做出所有可能的判断。其次，当受到各种各样信息的冲击时，其偏好体系可能存在不稳定性，即产生偏好的转变。最后，人类的计算技能存在缺陷，例如有些问题本身的计算方法十分复杂，加上寻找数据的时间成本，导致人们会寻求经验即启发法来解决问题。对于充满各种不确定性的市场，人们往往应用启发性的方法来进行判断，例如概率。

但是经济学家又不得不承认人存在着非理性因素。马尔萨斯认为经济动力属于非理性范畴，非理性的冲动和需要是经济活动的动力源泉。凯恩斯甚至认为人的"动物精神"是经济周期发生的根本原因。这种"动物精神"当然属于非理性因素。

以哈耶克为代表的一些经济学家承认个人的经济活动的目的是理性的，即以最小的成本获得尽可能大的收益，但是众多个人的理性活动则可能造成非理性的结果。即存在个人理性和集体理性的冲突，典型的例子就是"囚徒困境"。

2. 市场是否理性

如前所述，理性只是一般性的假定，而非现实世界的反应。

在几次金融危机前，总是有这样那样的获利机会，理性人通过有限理性的思考做出投资的决定，最终导致了非理性市场的出现。例如在20世纪二三十年代，中国的农业和工业纷纷产生严重危机的时候，一个理性的人是不会贸然把自己的资金投放进去的，而是到城市寻找投资机会。当本应投入农业和工业的生产性资金流入城市后，理性人必然会为充足的资金寻找出路，以换取利益。所以市场中总是会出现理性的个人和非理性的整个市场并存的现象。

3. 投资者的有限理性会使投资者出现羊群效应

羊群效应是指人们的思想和行为经常被多数人的思想和行为影响，也被称为"从众效应"。经济学中羊群效应是指市场上存在那些没有形成自己的预期或没有获得一手信息的投资者，他们将根据其他投资者的行为来改变自己的行为。在金融市场上，市场参与者的心理变化会影响市场的供求变化，从而影响市场的发展。

所以，羊群效应很可能导致金融泡沫的出现。羊群效应可能会导致众多理性投资者的从众投机，从而加剧了市场内部价格与价值的偏离；羊群效应也可能被市场内部大型投资者利用，通过雄厚的资金操纵价格，吸引大量投资者跟风，并在价格涨至一定程度时抛出，造成市场价格的不稳定。以上两点都可能造成金融危机的爆发。

羊群行为经常是以个体的理性为开端，通过其放大效应和传染效应，跟风者们渐渐表现出非理性的倾向，进而达到整体的非理性。

纵观中国近代五次金融危机的爆发，都是因为投资行为的"羊群效应"所致。在近代中国，具有一定投资知识的理性人士毕竟是少数，大部分人均是看到他人获利，从而踊跃追逐，这便是羊群效应。而当市场中充斥着非理性的投机行为后，原本理性的市场也会失去其理性，其发展的趋势也偏离了正常的轨道，从而产生大量金融泡沫，最终走向破灭。

三、投机盛行是金融危机的温床

投机的一般定义是：商品或者证券的买卖的目的在于利用市场价格的上涨或下跌来谋取利润。投机行为的前提是未来价格变动的不确定性。投机者自信地认为自己能够准确判断出未来价格的走势，并从中获取利益。

（1）1883年爆发金融危机。19世纪70年代，以李鸿章为领导的洋务派大力发展民用企业，一般采取官督商办的形式，通过成立股份公司募集社会资金。

轮船招商局为创立的第一个官督商办的股份公司，截至 1883 年，陆续成立了十几家企业。轮船招商局自成立起直到 1883 年这些年间，每年不论盈亏，股息均按照章程发放，并在 1875 年除发放股息一分之外，另发余利 5 厘。其他官督商办企业也都按时发放股息，在社会上取得一定的口碑，得到了广大投资者的信任，投资者也纷纷投资于此。

《申报》中《书某公整顿矿务疏后》记载，"中国初不知公司之名，自招商轮船局获利以来，风气大开"。《申报》中《答暨阳居士采访沪市公司情形书》记载，华商"忽见招商、开平等（股）票逐渐飞涨，遂各怀立地致富之心，借资购股，趋之若鹜"。1882 年，华商认购股票的行为达到疯狂的程度，上海大街小巷中人们无不谈论股票。《申报》中《赛格兰铜矿》记载，商民"视公司股份，皆以为奇货可居"。还记载，购买股票的群体最早是一些拥有一定资本的官吏和商人，之后发展至普通家庭，他们通过借贷进行融资从而进行股票的买卖。很多人都是从钱庄取得借款购买股票，在股票价格上涨盈利后，再卖掉股票，偿还借款，从而赚取差额。

（2）1897 年，爆发金融危机，因鸦片的暴利加之市场资金不足，鸦片商贩便想方设法从钱庄借款。有足够资本的钱庄便通过贴票的方式募集存款，从而进行放贷，从中获得了可观的利润。

钱庄之间通过激烈的竞争来招揽储户，即不断提高贴息。贴息率由最初的二三分涨至五六分。"庄家但求骗取现洋，不问多少，在经手者，但求从中取利，不顾人之受害，惟求多贴一票，则得一票之利，无不竭力为之"。许多没有资本的人也纷纷租店面设立专门的贴票钱庄，钱庄发出的贴票数量巨大，其资金都用于高利放款，完全没有存款准备，一旦一个环节出现问题，流动性困难就会凸显，最终导致危机爆发。

（3）1910 年，爆发金融危机，由于社会的进步、经济的发展，导致市场对于橡胶制品的需求急速增加，橡胶的供不应求带动了全球橡胶价格的增长，并引发了橡胶公司成立的热潮。全球橡胶公司纷纷在南洋群岛进行橡胶开发，并且有很大一部分公司设置在上海，并在上海发行股票，其股票由洋行代售。不少投资人根据经济形势，对蓬勃发展的橡胶公司股票进行投资，并获得了一定的收益。

很多人根本不了解什么是橡胶，就开始盲目抢购橡胶股票，据姚公鹤《上海闲话》描述，"当时亲友叙晤，除橡皮股票外，无他谈话""举国皆狂，几疑沪上各业无不足以达其发财之目的"。钱庄、洋行等机构，更是利用其社会经济关系，动用其所有可用的资源，不惜利用庄票进行抵押借款，用于大量购买橡胶股票。此外，外国资金也积极地参与进来了。到 1910 年 4 月，40 家公司的 2 500 万两股票在短短几个月内被抢购一空。在全部橡胶股票中，外国人拥有 20%，华人拥有 80%。

（4）1921 年爆发金融危机，由于当时股份制公司如雨后春笋般大量成立，传统的钱庄和银行的信贷不能满足其日益增长的资金需求，通过吸收社会资金作为其长期投资，需要交易所这样的金融机构来提供服务。而信托公司则是为一些缺乏相关投资知识的投资者提供投资服务的。交易所和信托公司的成立，是符合经济发展的客观规律的，并获得了不错的利润。

上海证券物品交易所经营状况优良以至其股价节节攀升，交易所成为了投资获利的优良之选，于是交易所大量成立，投资交易所的风潮一时兴起，随着交易所数量的增加，而证券数量和大宗物品交易的数量相对稳定，造成了交易所的供过于求，其数量已超出了中国经济和金融发展的需要。其中很多交易所的设立和经营都存在着违规行为。例如利用认购空股，进行炒作，将股价炒高，再将股票卖出，从而获得暴利，还有成立"多头公司"对股票价格进行操纵等。而信托公司随交易所的火爆应运而生，其与交易所联合，信托公司股票在交易所上市，交易所股票在信托公司进行抵押借款。同时，银行和钱庄因高额利润的诱惑，也不同程度地对交易所股票进行投机。整个金融业的资金已经形成了一张错综复杂的交易网络，其中包含着大量的经济泡沫，并且蕴含着风险，一旦一个环节出现问题，整张网络就会坍塌，从而形成危机。

（5）1935 年金融危机，是由于世界经济环境不景气所致，中国农工商业大都停滞不前，唯独都市金融业保持了一定的"蓬勃"势头。由于周边农工商业的凋敝，导致都市游资充斥，而金融业则借机发展起来，但是金融业资本的发展并不是建立在产业资本的基础上，而是将大量资金投入标金、公债、地产等事业，进行投机，从而获得大量利益。就是因为其投机行为的盛行，才为金融危机的爆发提供了良好的温床。

四、金融危机与外国经济的联系更加紧密

鸦片战争后，中国被迫打开国门。西方列强的商品与资本逐步进入中国，扩大在中国的市场，中国自然经济逐步解体，中国经济与世界经济的联系日趋密切，至 19 世纪末，中国的经济活动、金融市场大体已被西方列强所掌控。

1883 年金融危机中，股份制公司就是舶来品，中国洋务派借鉴西方工业发展的经验，大力发展民族企业，从而带动了一系列企业的蓬勃发展。

然而，1883年资本主义国家爆发经济危机，对丝织品和茶的需求骤减。当时，中国对外贸易出口的产品主要为生丝和茶，出口对象为欧美发达国家。法国是上海生丝出口的主要国家，其丝织品进口量下降53%，美国则减少丝绸进口46%。同时，由于印度茶和日本丝在世界市场上的强有力的竞争，中国的茶、丝出口进一步恶化，许多丝、茶商人经营亏赔，许多商号、丝栈因周转失灵而倒闭，其中就包括金嘉记丝栈，这也被称为倒账风潮。

1910年金融危机，正是国际市场中橡胶业的发展，导致橡胶价格激增，从而吸引了大量橡胶公司进行开发。其中大量外国公司落户上海，并面向国人公开募股，加之汇丰、麦加利、花旗等大型国际银行承做橡胶股票贷款，从而导致橡胶股票认购热潮。

1921年金融危机，中国民族工业本来在第一次世界大战期间得到了一定的发展，但是资本主义国家在1920—1921年爆发经济危机，外国资本大量流入中国，导致中国民族资本受挫，从而使大量资金流入资本市场从事投机活动。

1935年金融危机，中国受到了西方"世界资本主义经济危机"的影响，农村经济濒临崩溃，大量资金流入城市，进行投机活动。加之美国的白银政策，导致白银大量外流，银行银根紧缩，爆发了通货紧缩的金融危机。

纵观近代五次金融危机，其中四次的爆发都是由国内、国外因素共同作用造成的，其中有三次的国外因素是国际金融经济危机的传染，另一次则是国外资本的流入所致。

第六章　结论与启示

通过对 20 世纪 30 年代中国金融危机发生的背景、过程及其波及范围、相关后果的研究，总能挖掘危机发生的根源，找出其中一些规律性的东西，深化对于金融危机的认识，为预防和治理乃至尽量规避金融危机能提供有益启示。

金融危机的发生暴露出了近代中国金融业发展所面临的一些问题。首先就是如何解决金融体系内在脆弱性的问题，金融体系在经济中的作用就是通过直接或间接的方式优化资源配置，使得资本得到更有效率的运用，并且金融机构的基本盈利模式就是存贷利差，这使得过度借贷的内在冲动无法消除，只能通过一些制度来进行约束。其次是如何避免过度投机，适度的投机行为对市场是一种调节，有利于市场的健康发展，而过度的投机会造成泡沫的产生，从而产生危机。再次是如何处理政府和金融的关系，即财政和金融的关系，因为金融市场并不总是理性的，也就是说金融市场也存在"失灵"的情况，需要政府进行干预，而政府对干预的度的把握非常重要。最后是发生金融危机后如何应对或治理，谁来为金融危机的损失"埋单"，这都是社会十分关心的问题。

一、内外因素促成 20 世纪 30 年代的中国金融危机

20 世纪 30 年代，中国爆发金融危机。从表面看，是由于世界经济危机爆发，西方资本主义为转嫁危机，尤其是美国的白银政策导致中国发生"白银风潮"，引起货币信用危机，表现为白银大量外流，从而导致国内货币数量下降，继而银根紧缩，最终导致出现通货紧缩的危机。而究其深处，可以发现，此次金融危机的爆发，不仅仅只是货币方面的危机，中国金融业就存在着很大问题，而"繁荣"的金融业犹如空中楼阁，在没有工农商业的经济基础下，随时都有崩塌的可能。

所以，我认为，20 世纪 30 年代的中国金融危机的爆发是由多种因素共同作用而促成的。既有国际影响的因素，又有国内自身经济、金融状况的因素。在国际方面：西方资本主义国家"世界资本主义经济危机"对中国的农业生

产破坏巨大，中国国内经济平衡受到破坏；当时中国社会动荡不安，加之帝国主义国家对于中国的侵略，导致中国的经济不能得到良好的发展，并且政府对于经济的调控能力不足。国内方面：中国历史遗留下的货币问题严重，币制十分紊乱，容易产生货币危机；而金融业的发展并没有以一般经济产业为基础，而是充满了对利益追逐的投机行为，难免会造成金融业发展头重脚轻的局面，为危机爆发埋下隐患。

我认为20世纪30年代中国金融危机爆发的根源是金融体系的内在不稳定性，它是世界各个国家金融发展过程中都不可逃避的一个问题，几乎伴随着历次金融危机的爆发而存在。而西方资本主义国家的经济侵略是其爆发的主要原因，其爆发的导火索则是美国通过一系列白银政策转嫁其国内的危机。而西方国家爆发金融危机的根源在于周期性经济危机的爆发和金融体系的内在不稳定性。处于世界经济体系的中国必然会受到西方国家金融危机的影响，所以周期性的经济危机也是中国金融危机爆发的间接根源。

二、国家主权完整是金融业发展的前提条件

主权问题关乎经济和金融系统能否健康发展。自鸦片战争之后，中国被迫签订一系列不平等条约，丧失了一定的主权。民国时期，由于国家主权不完整，中国在经济上就"俯仰由人"。由于中国没有充分的自主权，无法约束外国银行和企业的行为，外国银行可以不顾中国的利益从事经济活动。而主权的不完整也影响政府对于经济的调控能力，处于世界经济范畴的中国，经常受到外国经济政策的压制，而中国政府无法做出相应的对策来化解，无法使国内的货币制度、经济发展和金融发展与国际经济形势相匹配。

三、货币制度稳定和金融发展密切相关

中国近代金融业演进的道路曲折且漫长，而货币作为金融和经济运行的血液，其重要性不言而喻。在生产和交换活动中，货币又充当着桥梁的作用。所以，货币制度的完善与否，关系到生产和交换能否顺利进行，也关系到金融和经济能否有序地运行。货币制度与金融的稳定发展关系密切。近代，中国货币金融风潮频繁爆发的重要原因之一就是货币制度落后、货币发行权分散、流通中的货币长期不统一。只有货币制度符合经济和金融发展的需要，才会避免矛盾和危机的产生。由于中国的货币体系与西方资本主义国家货币体系不匹配，即在中国作为货币的白银在西方资本主义国家只是普通商品，国际货币体系的变动就会对中国货币体系产生巨大影响。加之中国货币制度十分复杂，并且货

币体系极其紊乱，本身就具有一定的缺陷，容易发生危机。所以一旦西方资本主义国家采取利于自己而不利于中国的货币政策，通过汇率传导机制，中国的货币体系就极易受到巨大冲击，从而产生危机。

近代，中国政府不断尝试进行货币制度改革，并努力控制货币发行权。北洋政府也实行币制改革，试图实现"货币国家化"，并在一定程度上取得了统一银元、实现铸币国家化的成绩，但是北洋政府未能将银行券发行权集中到国家手中，也未能"废两改元"。1933年，南京国民政府推行"废两改元"政策，统一银本位币的单位。1935年，实行"法币政策"，废除银本位制，建立汇兑本位制，初步将银行券发行权集中到国家手中，但是，中央银行尚未垄断货币发行权，货币发行权仍分散在中央、中国、交通、农民银行手中。

1942年6月，国民政府颁行《统一发行实施办法》，规定中央银行统一办理货币发行。自此，中央银行成为唯一的货币发行银行。但是抗日战争期间，中国的政治现实使得中央银行实际上还不可能真正统一货币发行权。1949年以后，中国人民银行才真正统一了货币发行权。货币发行权的统一有利于中央银行实施统一的货币政策来维持货币与金融的稳定，进而促进经济发展。

四、实体经济的发展是金融业健康发展的基石

近代金融业的畸形发展，是造成20世纪30年代金融危机爆发不可忽视的因素。中国金融危机的构成，主要可以从两个方面来看：一是现银从农村不断向城市集中，再由城市汇流到外商银行，从而运出中国，造成中国的通货基础日趋紧缩和空虚。第二是集中在城市银钱业的大部分游资，没有用于发展事业，而是在标金、公债和地产等行业进行投机。这两方面问题交互影响，造成中国金融业危机的爆发。而这两方面的根源则在于中国国民经济的主要部门——农业，因受到世界经济危机影响和帝国主义的侵略，经历着慢性的恐慌和衰败。

马克思根据金融危机的表现形式，将其分为两种类型：第一类是作为生产和商业危机先导阶段的金融危机，第二类是发生在金融体系内部的独立的金融危机。

马克思认为导致第一类金融危机的根本原因不在于货币市场，而在于资本主义商品生产过剩。导致生产过剩的原因包括以下几个方面：第一，生产与消费之间的对立；第二，资本积累与价值增值之间的矛盾；第三，以商业信用为主的信用形式的充分发展导致商业货币的膨胀，进一步刺激了生产过剩的发展。

马克思将第二类危机发生的原因归结为金融市场的赌博投机活动而导致的虚拟资本过剩。第二类金融危机的实质，是在金融市场过度的赌博投机与信用

制度的膨胀相结合的情况下，过剩的虚拟资本与货币形成尖锐的对立，最终，虚拟资本价格暴跌导致危机爆发。

马克思第一个对虚拟资本做出了科学的界定和系统的分析。他认为虚拟资本是伴随企业资本扩张与商品流通发展而产生的，但是却能摆脱生产和商业的束缚而依靠信用制度获得自身的发展。虚拟资本这种特殊的发展规律，极大地满足了资本家通过赌博投机实现价值增值的要求。当金融市场的赌博投机使得金融杠杆化的比例不断提高，以致虚拟资本商品过剩严重时，一旦货币发生紧缩，将导致债务支付链条断裂，金融危机的爆发就不可避免。当金融危机爆发后，将对实体经济的运行产生反作用。

20 世纪 30 年代，中国金融危机的发生属于马克思定义的第二类金融危机。而当今国际金融危机的发生，大都是金融产品价格泡沫的破裂导致的。首先，资本的虚拟化造成了金融产品规模的急剧膨胀，创造了金融危机产生的基础；其次，资本虚拟增加了系统性金融风险，使得金融危机的爆发成为可能；最后，资本对利润的贪婪追逐与金融自由化环境的结合，构成虚拟资本持续膨胀的内在动力，使得资本虚拟化不断突破各种合理的限制而过度发展。资本过度虚拟化导致实体经济部门与虚拟经济部门的发展比例严重失调，虚拟资本价格泡沫破裂，金融危机的爆发成为现实。

五、完善的监管可以防范金融危机

一般来说，各国的金融发展大致经历过由无政府监管（或弱政府监管）的自由发展阶段向有政府监管的阶段过渡的历程，这是由金融业内在的脆弱性、外部性特点以及金融与经济稳定发展的客观需要决定了的，近代中国的百年金融发展也遵循这个历史规律。

1895 年以前是第一阶段，中国的金融发展处于松散管理的自由发展阶段。虽然在洋务派推动下，国内投资的股份公司和保险公司分别在 1872 年和 1875 年出现，但是清朝中央政府并未从根本上放弃"重农抑商"的政策，不懂得资本以及与之密切相关的公司、金融业的发展对商品经济和生产力发展的重要推动作用，因而并不重视公司和新式金融业的发展，更谈不上将公司和金融业的发展纳入法制化的轨道。由于没有中央政府的引导和支持，没有公司法和银行法，所以这个时期民族资本的新式银行业尚未建立。金融业的近代化程度很低，金融结构较为简单，金融体系的功能很不完善，金融发展速度慢，而且很不稳定，其在经济发展中的影响较小。1896—1926 年，中国金融业进入快速发展期，步入到了政府重视、倡导和开始监理金融业的发展阶段。这个阶段，由于政府的重视和支持，国资的新式银行业得以建立并发展起来，金融立法和金融监管制度建设开始起步，政府开始尝试将公司和金融发展纳入法制化的轨道。中国在金融创新和金融发展方面取得了明显的进步，金融结构得到了优化，传统金融业出现危机和衰落，新式银行、保险、证券、信托业均已出现并获得发展，金融体系的功能趋向完善，金融体系在经济发展中的作用加大。但是由于中央集权制度衰弱，政治趋向分裂，政府在金融发展中的作用受到限制。中央银行制度建设和币制改革没有取得实质性进展，金融监督软弱无力，较为频繁的、剧烈的金融危机破坏了金融业的稳定发展。1927—1936 年，中国的金融发展进入政府极力干预、垄断乃至统制金融业发展的阶段。国民政府依靠强有力的国家力量，有计划地干预金融发展，一是通过财政投资以及将部分私营银行改组为国家控股银行的方式来发展国有金融业。二是推进币制改革，确立中央银行制度。先是将货币发行权集中到国家控制的四大银行手中，确立管理通货制度和汇兑本位制度以稳定货币，之后在抗日战争期间，由中央银行统一货币发行权。三是强化政府对公司和金融发展的法制化管理。四是在制度上限制传统小银行的发展，支持公司制大银行发展。五是推进银行业的分工和专业化发展，实行银行合并政策。在国民政府的积极干预下，民族金融业的近现代化程度继续提高，新式银行、保险业均出现发展高潮，民族银行业对此外商银行业具有整体优势，国有金融事业迅速发展。旧式银行钱庄业急剧衰落，金融结构进一步优化。金融发展的稳定性提高，金融体系对经济发展的推动作用增强。1937 年以后，日本帝国主义全面侵华，关内大部国土沦陷，中国金融业已经失去常态下健康有序发展的土壤。

总的说来，在近代中国金融发展与政府关系的三个不同历史阶段，金融发展的程度与当时政府是否重视金融业的发展、政府能否有效地监理金融业、能否成功或有效地推进货币制改革与金融制度建设是密切相关的。

鸦片战争前，外商将公司组织从西方传入中国。1835 年，中国出现了最早的外商股份公司暨金融股份公司。1872 年，民族股份有限公司成立，1875 年，民族金融股份公司成立。但是在 1904 年以前，中国处于无公司法的阶段，公司制度建设尚未正式开展。这不利于公司和新式金融业的规范化发展。从1904 年开始，近代中国的公司发展逐渐被纳入了法制化的轨道，中国开始了公司制度的建设。清政府、北洋政府、南京国民政府先后颁布了四部公司法：《公司律》（1904 年）、《公司条例》（1914 年）、《公司法》（1929 年）、《公司法》（1946 年）；此外，历届政府还颁布了一系列与公司有关的法规文件。公司立法和公司法的施行是有助于公司和新式金融业健康发展的，遗憾的是公司法与其他法规一样，在近代中国没有被很好地遵行，其对金融与经济稳定发展的促进作用也没有有效地发挥出来。

　　在 1908 年以前，除了典当业以外，中国的金融发展基本上是没有政财管理的，这不利于金融业的稳定和经济发展。"光宣新政"期间，新式金融业获得发展，传统金融业出现危机。此时的清政府重视实业发展，因而也认识到了金融稳定对商务振兴的重要性。清政府于 1908 年颁布《大清银行则例》，将户部银行改名为大清银行，赋予其国家银行和商业银行的双重职能，试图建立"最后贷款人"制度。同年，清政府还颁布我国首部银行法《银行通行则例》，规定由财政部依法监理银行业，近代中国开始进行银行制度建设。"光宣新政"期间，清政府还进行保险立法，不过这些保险法规基本上没有得到实施。北洋政府继续推进金融立法和金融制度建设，规定由财政部负责监管银行业，并设立银行监理官制度。1924 年，中国近代第二部银行法《银行通行法》颁行，继续依法管理银行业。保险立法继续进行，但是和清末一样，这些保险法规也大多未能实施。此时，没有专门的保险监督机构，保险监管制度也尚未建立起来。北洋政府于 1914 年颁布《公债条例》《证券交易所法》《交易所监理官条例》等证券市场管理法规，规定由农商部负责管理证券市场，并设置交易所监理官制度，从而开始依法管理证券市场。由于政治分裂，北洋政府很虚弱，金融监管制度实际上未能真正建立起来。1928 年后，南京国民政府为了实现全国首次财经会议上制定的货币金融改革与建设方略，依靠国家力量，逐渐建立起政府垄断金融的体制，并有步骤地干预国内的金融建设。这个时期，南京国民政府对金融业的干预可谓不遗余力。一是加强金融立法和金融管理，对原先自由的金融市场加以限制或取缔。例如剥夺普通银钱业发行银行券的权利，取缔洋厘和银拆两市；禁止民间买卖白银，规定并提高银钱业法定的最低资本限额，强制普通金融机构向中央银行缴纳存款保证金，强制钱庄改组为银行公司，将简易人寿保险收归同营。设立上海钱业监理委员会和国家银行控制的钱业准备库，禁止新式银行与钱庄之间发生直接的存贷款关系，限制地方公债的发行与交易等。二是通过财政投资新设、改组或并购民营金融机构等方式来发展国有金融资本，在 1935 年建立以"四行二局"为代表的垄断性国有金融体系，作为国家干预经济的金融工具。三是根据全国财经会议确定的银行建设方案，由财政出资建立新的中央银行，将政府控制的中国、交通两家商业银行改组为国有专业银行以推进银行的专业化，提高银行的效率；通过实施"法币政策"，将法币发行权集中到中央政府控制的中国人民银行、中国银行、交通银行、农业银行四大银行，实现货币的国家化，强化和突出中央银行的地位，为中央银行最终垄断货币发行权奠定基础。四是依据《公司法》（1929年）、《银行法》（1931年）、《银行整理大纲》（1935年），制定并实施银行合并政策，鼓励小银行合并以稳固银行的信用。五是放弃银本位制，建立有弹性的信用货币制度来扩张货币与信用，促进经济发展。六是建立汇兑本位制，实施法币盯住英镑、美元的汇率制度，由政府运用外汇平衡基金来干预外汇市场，稳定法币的对外价值即汇率，进而调节本国的国际收支。随着南京国民政府垄断金融体制的建立，中国金融业自由发展的时代逐渐落下了帷幕。

1928年之后，南京国民政府对于金融立法大力加强，相继颁布了《交易所税条例》（1928年）、《交易所法》（1929年）、《公司法》（1929年）、《银行法》（1931年）、《邮政储金法》（1931年）、《储蓄银行法》（1934年）、《中央银行法》（1935年）、《简易人寿保险法》（1935年）。1937年1月，颁布了经过修正的《保险法》《保险业法》《保险业法施行法》。可见，国民政府对公司和金融发展的法制化管理明显加强了。近代，中国历届政府将公司和金融发展纳入法制化轨道的努力有利于维护金融市场的秩序，改善金融业的整体素质并维护金融业的稳定。抗日战争前10年，金融危机的减少以及金融危机的破坏程度受到控制，这与国民政府加强对公司和金融发展的法制化管理是分不开的。

中国正在建设社会主义市场经济体制，与之相对应，中国的金融体制改革也要向市场金融的方向发展。市场金融的建立和发展，在引进竞争机制、改善金融效率的同时，也会带来新的金融风险。尤其是中国实行对外开放政策，必须相应地开放本国金融市场。经济与金融的国际化发展使得中国的货币流通、金融和经济发展都不可避免地要受到越来越大的外部压力和冲击，国际经济与金融的危机也会传递至中国。1883年、1897年、1910年、1921年、1935年中国发生的金融风潮，都不同程度地受到了国际经济金融危机传递的影响。史实表明，开放的经济条件下，中国的经济发展不管过去、现在或将来都会面临来自外部的金融风险。政府必须根据本国经济发展水平、发展需要以及金融市场的发展现状，借鉴国外市场金融的监管制度和经验，在WTO框架协议下来谨慎推进汇率制度与金融监管制度改革。在金融区域化和全球化发展的背景下，最大限度地维护国家的经济主权，保持货币政策的自主性，对内外资金融业实行监管上的国民待遇。政府要继续推进并规范国有金融中介的股份制改造，深化农村金融、邮政金融、政策性金融的改革，研究推进存款保险制度的建设，统一融资租赁的管理，推进金融行业内部的并购重组，做大做强金融机构。应当说，政府在稳定货币与金融、促进金融满足经济发展的客观需要方面还有很多工作要做。

参考文献

[1] 陈真，姚洛. 中国近代工业史资料 [M]. 北京：生活·读书·新知三联书店，1957.

[2] 重庆市档案馆，重庆市人民银行金融研究所. 四联总处史料 [M]. 北京：档案出版社，1993.

[3] 李文治. 中国近代农业史资料 [M]. 北京：生活·读书·新知三联书店，1957.

[4] 彭泽益. 中国近代手工业史资料（1840—1949）[M]. 北京：中华书局，1962.

[5] 孙毓棠. 中国近代工业史资料 [M]. 北京：中华书局，1962.

[6] 吴冈. 旧中国通货膨胀史料 [M]. 上海：上海人民出版社，1958.

[7] 徐义生. 中国近代外债史统计资料（1853—1927）[M]. 北京：中华书局，1962.

[8] 严中平. 中国近代经济史统计资料选辑 [M]. 北京：科学出版社，1955.

[9] 姚贤镐. 中国近代对外贸易史资料 [M]. 北京：中华书局，1962.

[10] 章有义. 中国近代农业史资料 [M]. 北京：生活·读书·新知三联书店，1957.

[11] 中国第二历史档案馆. 民国外债档案史料 [M]. 北京：档案出版社，1990.

[12] 中国第二历史档案馆. 中华民国史档案资料汇编 [M]. 南京：江苏古籍出版社，1991.

[13] 中国第二历史档案馆. 中华民国金融法规档案资料选编 [M]. 北京：中国档案出版社，1989.

[14] 中国第二历史档案馆. 中华民国史档案资料汇编 [M]. 南京：江苏古籍出版社，1991.

[15] 中国人民银行总行参事室金融史料组. 中国近代货币史资料 [M]. 北京：中华书局，1964.

[16] 中国人民银行总行参事室. 中华民国货币史资料 [M]. 上海：上海人民出版社，1986.

[17] 中国人民银行总行参事室. 中华民国货币史资料 [M]. 上海：上海人民出版社，1991.

[18] 中国人民银行上海市分行. 上海钱庄史料 [M]. 上海：上海人民出版社，1960.

[19] 中国人民政治协商会议全国委员会. 法币、金圆券与黄金风潮 [M]. 北京：文史资料出版社，1985.

[20] 阿瑟·恩·杨格. 1927—1937年中国财政经济情况 [M]. 陈泽宪，译. 北京：中国社会科学出版社，1981.

[21] 保罗·A·萨缪尔森，威廉·D·诺德豪斯. 经济学 [M]. 12版. 萧琛，译. 北京：中国发展出版社，1997.

[22] 曹贯一. 中国农业经济史 [M]. 北京：中国社会科学出版社，1989.

[23] 查尔斯·P. 金德尔伯格. 西欧金融史 [M]. 徐子健，何建雄，朱忠，译. 北京：中国金融出版社，2007.

[24] 陈明光. 钱庄史 [M]. 上海：上海文艺出版社，1997.

[25] 戴铭礼. 中国货币史 [M]. 上海：商务印书馆，1934.

[26] 戴建兵. 白银与近代中国经济（1890—1935）[M]. 上海：复旦大学出版社，2005.

[27] 道格拉斯·C·诺思. 经济史上的结构和变革 [M]. 厉以平，译. 北京：商务印书馆，1992.

[28] 杜冈·巴拉诺夫斯基. 周期性工业危机 [M]. 张凡，译. 北京：商务印书馆，1982.

[29] 杜恂诚. 中国金融通史 [M]. 北京：中国金融出版社，1996.

[30] 黄达. 宏观调控与货币供给 [M]. 北京：中国人民大学出版社，1999.

[31] 黄鉴晖. 山西票号史 [M]. 太原：山西经济出版社，2002.

[32] 弗兰克. 白银资本——重视经济全球化中的东方 [M]. 刘北成，译. 北京：中央编译出版社，2000.

[33] 金洪飞. 新兴市场货币危机机理研究 [M]. 上海：上海财经大学出

版社，2004．

[34] 凯恩斯．货币论 [M]．邓传军，刘志国，译．合肥：安徽人民出版社，2012．

[35] 凯恩斯．就业、利息和货币通论 [M]．陆梦龙，译．北京：商务印书馆，1963．

[36] 康芒斯．制度经济学 [M]．赵睿，译．北京：商务印书馆，1962．

[37] 李明珠．中国近代蚕丝业及外销（1842—1937）[M]．徐秀丽，译．上海：上海社会科学院出版社，1996．

[38] 雷麦．中国国际贸易 [M]．上海：商务印书馆，1926．

[39] 李一翔．近代中国银行与钱庄关系研究 [M]．上海：学林出版社，2005．

[40] 刘秉麟．近代中国外债史稿 [M]．武汉：武汉大学出版社，2007．

[41] 陆仰渊，方庆秋．民国社会经济史 [M]．北京：中国经济出版社，1991．

[42] 林维英．中国之新货币制度 [M]．上海：商务印书馆，1939．

[43] 林毅夫．论经济学方法 [M]．北京：北京大学出版社，2005．

[44] 马金华．中国外债史 [M]．北京：中国财政经济出版社，2005．

[45] 马克思．资本论 [M]．郭大力，王亚南，译．北京：人民出版社，1963．

[46] 马咸．法币讲话 [M]．上海：商务印书馆，1938．

[47] 马寅初．马寅初全集 [M]．杭州：浙江人民出版社，1999．

[48] 迈克尔·罗素．院外集团与美国东亚政策 [M]．郑会欣，译．上海：复旦大学出版社，1992．

[49] 梅远谋．中国的货币危机：论1935年11月4日的货币改革 [M]．成都：西南财经大学出版社，1994．

[50] 米尔顿·弗里德曼．货币的祸害：货币史片段 [M]．安佳，译．北京：商务印书馆，2006．

[51] 潘国旗．近代中国国内公债研究（1840—1926年）[M]．北京：经济科学出版社，2007．

[52] 彭信威．中国货币史 [M]．上海：上海人民出版社，2007．

[53] 青木昌彦．比较制度分析 [M]．周黎安，译．上海：上海远东出版社，2001．

[54] 千家驹，郭彦岗．中国货币演变史 [M]．上海：上海人民出版社，

2005.

[55] 石毓符. 中国货币金融史略 [M]. 天津：天津人民出版社，1984.

[56] 斯蒂格利茨. 经济学 [M]. 高鸿业，译. 北京：中国人民大学出版社，1997.

[57] 思拉恩·埃格特森. 经济行为与制度 [M]. 吴经邦，译. 北京：商务印书馆，2004.

[58] 唐·帕尔伯格. 通货膨胀的历史与分析 [M]. 孙忠，译. 北京：中国发展出版社，1998.

[59] 托马斯·梅耶，詹姆斯·S. 杜森贝里，罗伯特·Z. 阿利伯. 货币、银行与经济 [M]. 6版. 林宝清，译. 上海：上海人民出版社，2007.

[60] 托马斯·罗斯基. 战前中国经济的增长 [M]. 唐巧天，译. 杭州：浙江大学出版社，2009.

[61] 王光谦. 中央银行学 [M]. 北京：高等教育出版社，1999.

[62] 魏建猷. 中国近代货币史 [M]. 合肥：黄山书社，1986.

[63] 吴筹中. 中国纸币研究 [M]. 上海：上海古籍出版社，1998.

[64] 西美尔. 货币哲学 [M]. 陈戎女，译. 北京：华夏出版社，2002.

[65] 萧清. 中国近代货币金融史简编 [M]. 太原：山西人民出版社，1987.

[66] 许涤新，吴承明. 中国资本主义发展史 [M]. 北京：人民出版社，2003.

[67] 雅各布·范德林特. 货币万能 [M]. 王兆基，译. 北京：商务印书馆，1997.

[68] 杨荫溥. 民国财政史 [M]. 北京：中国财政经济出版社，1985.

[69] 姚会元. 中国货币银行（1840—1952）[M]. 武汉：武汉测绘科技大学出版社，1993.

[70] 姚会元. 日本对华金融掠夺研究（1931—1945）[M]. 武汉：武汉出版社，2008.

[71] 姚会元. 江浙金融财团研究 [M]. 北京：中国财政经济出版社，1998.

[72] 姚崧龄. 张公权先生年谱初稿 [M]. 台北：传记文学出版社，1982.

[73] 余捷琼. 1700—1937年中国银货输出入的一个估计 [M]. 上海：商务印书馆，1940.

[74] 章乃器. 中国货币金融问题 [M]. 上海：生活书店，1936.

[75] 张杰. 制度、渐进转轨与中国金融改革 [M]. 北京：中国金融出版社，2001.

[76] 张公权. 中国通货膨胀史（1937—1949 年）[M]. 北京：文史资料出版社，1986.

[77] 张国辉. 中国金融通史 [M]. 北京：中国金融出版社，2003.

[78] 张郁兰. 中国银行业发展史 [M]. 上海：上海人民出版社，1957.

[79] 张辑颜. 中国金融论 [M]. 上海：黎明书局，1936.

[80] 张家骧，万安培，邹进文. 中国货币思想史 [M]. 武汉：湖北人民出版社，2001.

[81] 赵德馨，周秀鸾. 社会科学研究工作程序 [M]. 北京：中国财政经济出版社，1987.

[82] 中国人民银行上海市分行金融研究室. 中国第一家银行——中国通商银行的初创时期（1897 年至 1911 年）[M]. 北京：中国社会科学出版社，1982.

[83] 郑友揆. 中国的对外贸易和工业发展（1840—1948 年）[M]. 上海：上海社会科学院出版社，1984.

[84] 钟祥财. 法币政策前后中国的货币理论 [M]. 上海：上海社会科学出版社，1995.

[85] 朱斯煌. 民国经济史 [M]. 台北：文海出版社，1985.

[86] 卓遵宏. 中国近代币制改革史（一八八七—一九三七）[M]. 台北：国史馆，1986.

[87] 周葆銮. 中华银行史 [M]. 台北：文海出版社，1984.

[88] 中国银行行史编辑委员会. 中国银行行史（1912—1949 年）[M]. 北京：中国金融出版社，1995.

[89] 周伯棣. 白银问题与中国货币政策 [M]. 上海：上海中华书局，1936.

[90] 周寂沫. 货币与经济发展 [M]. 北京：中国经济出版社，2007.

[91] 邹宗伊. 中国战时金融管制 [M]. 重庆：财政评论社，1943.

[92] 邹进文. 民国财政思想史研究 [M]. 武汉：武汉大学出版社，2008.

[93] 陈新余. "废两改元"：近代化的转型及作用 [J]. 常州工学院学报，2007（5）.

[94] 陈民. 法币发行制度与通货膨胀 [J]. 苏州大学学报（哲学社会科学版），2000（4）.

[95] 陈争平. 1895—1936 年中国进出口贸易值的修正及贸易平衡分析 [J]. 中国经济史研究，1994（1）.

[96] 陈克俭. 关于 1935 年国民政府法币政策评价的几个问题 [J]. 中国经济问题，1987（3）.

[97] 冯芸，吴冲锋. 从波动到危机——货币危机研究 [J]. 世界经济，2000（1）.

[98] 陈争平. 1895—1936 年中国国际收支与近代化中的资金供给 [J]. 中国经济史研究，1995（4）.

[99] 冯泽培. 银本位制对近代中国经济的影响 [J]. 金融研究，1996（3）.

[100] 郭秀清，杨晓冬. 对 1935 年国民党币制改革的反思 [J]. 学海，2002（2）.

[101] 管汉晖. 浮动本位兑换、双重汇率与中国经济：1870—1900 [J]. 经济研究，2008（8）.

[102] 贺水金. 论中国近代金银的国际流动 [J]. 中国经济史研究，2002（2）.

[103] 洪葭管. 1935 年的币制改革（上）[J]. 中国金融，1988（7）.

[104] 贺力平. 鸦片贸易与白银外流关系之再检讨——兼论国内货币供给与对外贸易关系的历史演变 [J]. 社会科学战线，2007（1）.

[105] 金洪飞. 货币危机理论文献综述 [J]. 经济学动态，2001（5）.

[106] 贺水金. 论国民政府的法币政策 [J]. 档案与史学，1999（6）.

[107] 胡若南，陈叶盛. 资本论中的货币危机理论 [J]. 兰州学刊，2008（6）.

[108] 黄如桐. 一九三五年国民政府法币政策概述及其评价 [J]. 近代史研究，1985（6）.

[109] 李家智. 论美国对中国国民政府币制改革的态度 [J]. 重庆师范大学学报，（哲学社会科学版），2005（4）.

[110] 连心毫. 三十年代台湾海峡海上走私与海关缉私 [J]. 中国社会经济史研究，1997（3）.

[111] 金洪飞. 财政赤字、公共债务与货币危机 [J]. 财政研究，2004（2）.

[112] 李信. 简论在 1935 年中国"币制改革"问题上中日两国的矛盾与斗争 [J]. 学海, 1998 (3).

[113] 刘承彬. 略论法币政策对抗战的作用 [J]. 郑州大学学报 (哲社版), 1997 (6).

[114] 李育安. 国民党政府时期的币制改革与通货恶性膨胀 [J]. 郑州大学学报 (哲社版), 1996 (2).

[115] 刘枫. 国民党政府的币制改革及其意义 [J]. 上海经济研究, 1991 (1).

[116] 李霞. 美国的白银购买与中国国民政府的币制改革 [J]. 齐齐哈尔大学学报 (哲学社会科学版), 2001 (7).

[117] 刘巍. 中国的货币供求与经济增长 (1927—1936 年) [J]. 中国社会经济史研究, 2004 (1).

[118] 刘晓泉. 北洋政府内国公债发行研究 [D]. 长沙: 湖南师范大学, 2008.

[119] 刘慧宇. 中央银行与国民政府货币现代化改革 [J]. 民国档案, 2002 (2).

[120] 柳蕴琪. 略论 1935 年前后帝国主义争夺中国货币权的争 [J]. 贵州社会科学, 1999 (5).

[121] 马德钫. 三十年代前期美国白银政策对中国经济的影响 [J]. 财经研究, 1989 (5).

[122] 史全生. 南京国民政府的法币政策 [J]. 民国春秋, 1999 (3).

[123] 石涛. 废两改元实施经过考论 [J]. 中国钱币, 2009 (4).

[124] 孙宅巍. 对国民党政府三次币制改革的综合考察 [J]. 苏州大学学报 (哲学社会科学版), 1990 (3).

[125] 吴玉文. 1927—1937 年南京国民政府经济政策述评 [J]. 河南大学学报 (社科版), 1998 (5).

[126] 吴景平. 美国和 1935 年中国的币制改革 [J]. 近代史研究, 1991 (6).

[127] 吴福红. 南京政府币制改革在中美关系中的作用 [J]. 青海师范大学学报 (哲学社会科学版), 2006 (3).

[128] 吴承明. 经济学理论与经济史研究 [J]. 经济研究, 1995 (4).

[129] 吴景平. 英国与 1935 年的中国币制改革 [J]. 历史研究, 1988 (6).

[130] 谢菊曾. 1935 年上海白银风潮概述 [J]. 历史研究, 1965 (2).

[131] 尹全洲. 论中国的法币改革 [J]. 宁夏社会科学, 2001 (2).

[132] 姚洪卓. 1935 年国民政府的币制改革 [J]. 历史教学, 1995 (9).

[133] 姚会元. 法币政策与抗日战争 [J]. 抗日战争研究, 1996 (1).

[134] 姚会元. "法币" 及其在抗战中的历史作用 [J]. 中国钱币, 1997 (3).

[135] 姚会元. 论法币改革 [J]. 学术月刊, 1997 (5).

[136] 姚会元, 孙玲. 1980 年以来中国近代货币史研究综述 [J]. 财经政法资讯, 2007 (4).

[137] 姚会元. 日本对华金融掠夺研究 [J]. 财经政法资讯, 2002 (4).

[138] 姚会元. 中外钱币交流及西方银元流入对中国货币近代化的影响 [J]. 福建论坛 (人文社会科学版), 2000 (6).

[139] 姚会元. 奉系军阀统治时期的辽宁纸币发行 [J]. 中国钱币, 2002 (4).

[140] 姚会元. 银行业推动近代上海市场经济发展 [J]. 中国社会经济史研究, 2009 (2).

[141] 颜翠芳. 1935 年币制改革的作用和影响 [J]. 安徽教育学院学报 (哲学社会科学版), 1999 (2).

[142] 于彤. 南京临时政府的币制金融措施 [J]. 历史档案, 1989 (2).

[143] 袁远福. 法币政策的功过及在中国货币史上的地位 [J]. 财经科学, 1987 (2).

[144] 张北根. 中美关于白银和币改问题的交涉 [J]. 北京科技学学报 (社会科学版), 2002 (12).

[145] 张从恒. 论国民党政府 1935 年的币制改革 [J]. 江西大学学报 (社科版), 1990 (1).

[146] 王能应. 管理通货制: 20 世纪 30 年代中国币制改革方案的讨论 [J]. 中国地质大学学报 (社会科学版), 2005 (6).

[147] 张九洲. 论近代中国的银汇波动与对外贸易 [J]. 史学月刊, 1997 (3).

[148] 张连红. 南京国民政府法币政策的实施与各省地方政府的反应 [J]. 民国档案, 2000 (2).

[149] 张伟琴, 孔维文. 论废两改元 [J]. 中国钱币, 2002 (4).

[150] 钟祥财. 旧中国的两次币制改革及其教训 [J]. 改革, 1996 (4).

[151] 郑会欣. 日本帝国主义对 1935 年中国币制改革的破坏 [J]. 近代史研究, 1986 (1).

[152] 郑会欣. 步向全面侵华战争前的准备——论九一八事变后日本对中国财政的破坏 [J]. 抗日战争研究, 2002 (3).

[153] 郑会欣. 一九三五年币制改革的动因及其与帝国主义的关系 [J]. 史学月刊, 1987 (1).

[154] 郑成林. 上海银行公会与近代中国币制改革述评 [J]. 史学月刊, 2005 (2).

[155] 庄梦兰. 浅论 1935 年南京国民政府的币制改革 [J]. 贵州文史丛刊, 2003 (4).

[156] 周春英. 英美日三国与国民政府的币制改革 [J]. 历史教学, 2005 (6).

[157] 朱镇华. 重评 1935 年的币制改革 [J]. 近代史研究, 1987 (1).

[158] 诸葛达. 国民党政府 1935 年的币制改革 [J]. 浙江学刊, 1995 (4).

[159] 钟小敏. 1935 年中国币制改革与英美日关系探析 [J]. 四川师范大学学报 (社会科学版), 1998 (7).

[160] Clower R W. Monetary Theory [M]. London: Penguin, 1969.

[161] Wei Ying Lin. China Under Depreciated Silver, 1926—1931 [M]. Shanghai: Commercial Press limited, 1935.

后 记

　　时光飞逝，转眼间，我已在中南财经政法大学生活学习了11年，我生命中最美好的青春年华都是在这里度过的，这是我生命中一段珍贵的记忆。在博士论文完成之际，我的心情十分复杂，首先是对母校的不舍，就要走出这个熟悉的校园，不舍之情难以言表；其次是对老师们的感谢，在校期间，曾得到过许多老师的关心和帮助，我将铭记于心，并在此向你们表达真挚的感谢；最后是自己的不安，博士论文的写作过程漫长且艰辛，我对自己的写作成果感到不安，因为文章还有很多值得推敲的地方，我非常害怕辜负老师的期望，同时我也下定决心修改好论文。

　　2004年，我怀着对未来的憧憬进入中南财经政法大学，并于2008年开始师从徐敦楷教授攻读硕士学位。徐敦楷教授工作繁忙，但治学十分严谨。他在生活和学习方面都给予我很大的帮助，我的每一点进步都倾注了老师的心血，我继续求学的决心也更加坚定。

　　2011年，我师从姚会元教授攻读博士学位。对于异地求学的我而言，姚会元教授犹如慈父一般，对我的生活关怀细致入微，经常带我改善伙食。在学术上，姚老师知识渊博，每当我在学习过程中遇到困难和疑惑时，姚老师都耐心为我答疑解惑，并不断鼓励我。尤其是在博士论文写作过程中，每次与姚老师讨论，姚老师都认真严谨，不仅帮我把握大体框架，还逐字逐句地仔细推敲，可以说，我的博士论文的写作凝聚了姚老师的心血。从博士生一年级开始，姚老师就不断提醒我抓紧时间学习，而我却总不以为然，浪费了很多时间，最终导致姚老师为我毕业的事情操了很多心，我深感愧疚。

　　在我攻读硕士学位和博士学位期间，有很多老师对我提供过帮助，在此，我向你们表示真诚的感谢。赵凌云教授在繁忙的公务之余，仍为我们传授知识，让我们阅读了很多经济史名著，使我们领悟到独特的发现问题和分析问题的视角。邹进文教授教会了我"先做人，再做学问"的治学态度，我也在努力做一个有道德、有理想的人，并做到尊敬师长和团结同学。朱华雄副教授在生活和学习中，对我提供了很多帮助，给了我很多生活和学习方面的建议，使我受益匪浅。苏少之教授和瞿商教授博学多识、为人谦和，是我终生学习的榜样。

我还要感谢我的同学马长伟博士，我经常向他请教论文的问题，他也耐心地给我一些意见，并提供一些资料。同时还要感谢史蕾、麦正锋、范小仲、辜娜、李俊等博士生同学在生活和学习上对我的帮助和陪伴。

毕业之际，我也将步入而立之年。读书二十余年，最离不开的是家人的支持和帮助。父亲和母亲对于我学业的支持，是我坚持求学的坚实基础，没有他们的支持和鼓励，我就不会有今天的成就。非常感谢父母的养育之恩，我一定好好孝敬父母！

校园生活结束了，我将迎来新的起点。希望自己在未来能够更加努力，不断进步，创造属于自己的精彩人生！

杨森